Aphorismes

Traduction de l'allemand et choix de textes par
Roger Lewinter

Postface de
Charles Le Blanc

Illustrations de
Aurélia Grandin

ÉDITIONS MILLE ET UNE NUITS

KARL KRAUS
n° 198

Texte intégral

Les *Aphorismes* sont tirés de *Dits et contredits*
et de *Pro Domo et Mundo*, publiés aux Éditions Ivréa.

© Éditions Ivréa, 1993 pour *Dits et contredits*, 1985 pour *Pro Domo et Mundo*.
© Éditions Mille et une nuits, mars 1998
pour la présente édition.
ISBN : 2-84205-313-3

Sommaire

Karl Kraus
Aphorismes
page 5

Charles Le Blanc
Crise et langage
page 87

Vie de Karl Kraus
page 99

Repères bibliographiques
page 103

NOTICE DU TRADUCTEUR

Les trois livres d'aphorismes – 500 pages à peine, que Kraus a tirées de la *Fackel* – au moment de sa mort, en 1936, elle comptera 30 000 pages – et que, constamment, il réintroduit par fragments, telles des constellations de sens, dans ses différents recueils intermédiaires – 3 000 pages environ de morceaux choisis – sont une quintessence d'esprit, question non de quantité mais d'intensité : à son extrême, sel de la terre, un état de pureté.

L'aphorisme, chez Kraus, n'est pas une formulation nécessairement lapidaire – *La Nuit venue* en compte de six pages d'un bloc – mais, essentiellement contraction, un barbelé déchirant le tissu des phrases dévoyées qui étouffent l'esprit, où la difficulté est de voir, pour la garder intacte, la difficulté ; l'esprit étant, à la limite, cette difficulté faite au réel dans sa tendance – par inconscience, légèreté ou malhonnêteté – à tout simplifier, jusqu'à se perdre. Ce que Kraus propose à son lecteur est ce que l'esprit propose à qui veut le connaître : une agonie, qui, soutenue sans faillir, au terme de la nuit, s'en révèle le jour.

KARL KRAUS

Aphorismes

ÉCRIRE ET LIRE

Il y a deux sortes d'écrivains. Ceux qui le sont, et ceux qui ne le sont pas. Chez les premiers, le fond et la forme sont ensemble comme l'âme et le corps ; chez les seconds, le fond et la forme vont ensemble comme le corps et l'habit.

La parole écrite sera l'incorporation naturellement nécessaire d'une pensée, et non pas l'enveloppe socialement convenable d'une opinion.

Qui émet des opinions ne doit pas se laisser surprendre en flagrant délit de contradictions. Qui a des pensées pense aussi entre les contradictions.

Les avis se propagent par scission ; les pensées, par bourgeonnement.

Une idée est beaucoup mieux servie quand elle n'est pas formulée de manière à pouvoir emprunter le chemin direct dans les masses. L'emprunte-t-elle uniquement à travers l'obstacle d'une personnalité, elle parvient plus loin que lorsqu'elle se rend populaire. Cela témoigne plus pour sa portée, quand elle peut produire une œuvre d'art au lieu de parvenir à un effet immédiat sous la parure chatoyante d'une œuvre engagée. Une idée sert une œuvre, ou une œuvre la sert. Se répand-elle en art, elle éclôt dans l'univers et n'est tout d'abord pas perçue sur terre. Dans l'autre cas, elle s'échappe de l'œuvre et débouche dans les cerveaux du présent. Mais une idée devrait pouvoir dire d'elle-même qu'elle fraie très peu avec les gens.

Les véritables agitateurs d'une cause sont ceux pour qui la forme est plus importante. L'art empêche l'effet immédiat en faveur d'un effet supérieur. C'est pourquoi ses produits ne sont pas vendables. Ils ne s'arracheraient même pas si les colporteurs criaient : « Révélations sensationnelles sur le trésor de la langue allemande ! »

La pensée est un enfant de l'amour. L'opinion est reconnue dans la société bourgeoise.

Ce qui entre facilement dans l'oreille en sort facilement. Ce qui entre difficilement dans l'oreille en sort difficilement. Cela vaut pour l'écriture encore plus que pour la musique.

Qui refuse toute compromission du langage refuse toute compromission de la cause.

Des problèmes de la vie sexuelle, on ne parlera pas en pleine rue. On les vivra et on les mettra en œuvre, mais on n'en parlera pas. Pour protéger la vérité, on peut dissimuler.

Un écrivain qui éternise un cas quotidien compromet uniquement l'actualité. Mais qui journalise l'éternité a des chances d'être reconnu dans la meilleure société.

Pourquoi ne prétend-on pas d'un musicien qu'il compose une symphonie contre un malaise ? Depuis longtemps, je ne fais plus de musique à programme.

Que quelqu'un se serve du langage pour dire qu'un ministre est inapte ne fait pas encore de lui un écrivain.

L'élément que le musicien met en forme est le son, le peintre parle en couleurs. Aussi nul profane honorable, qui ne parle qu'en mots, ne tranchera-t-il de musique et de peinture. L'écrivain met en forme un matériel qui est accessible à tous : le mot. Aussi tout lecteur tranchera-t-il de l'art des mots. Les analphabètes du son et de la couleur sont modestes. Mais les gens qui peuvent lire ne passent pas pour des analphabètes.

Le langage est le matériel de l'artiste littéraire ; mais il n'appartient pas à lui seul, alors que la couleur appartient exclusivement au peintre. Aussi la parole devrait-elle être interdite aux gens. Le langage des signes suffit pleinement pour les pensées qu'ils ont à échanger entre eux. Est-il permis de nous barbouiller sans cesse les habits avec de la peinture à l'huile ?

L'écriture n'est-elle rien de plus que la dextérité à inculquer au public une opinion par des mots ? La peinture serait alors l'art de dire une opinion en couleurs. Mais les journalistes de la peinture s'appellent justement des barbouilleurs. Et je crois que celui-ci est un écrivain qui dit au public une œuvre d'art. C'est le plus grand honneur qui me fut jamais rendu, quand un lecteur m'avoua, confus, qu'il ne parvenait à comprendre mes choses qu'à la seconde lecture. Il hésitait à me le dire, mes mots ne lui coulaient pas de source. C'était un connaisseur, et il ne le savait pas. L'éloge de mon style me laisse indifférent, mais les reproches qu'on lui adresse me rendront bientôt outrecuidant. J'avais réellement craint assez longtemps qu'on pût déjà avoir à la première lecture du plaisir à mes écrits. Quoi ? Une phrase devrait servir à ce que le public s'en rince la bouche ? Les feuilletonistes qui écrivent en langue allemande ont sur les écrivains qui écrivent à partir de la langue allemande un formidable avantage. Ils gagnent au premier coup d'œil, et déçoivent le second : c'est comme si l'on se trouvait soudain derrière les coulisses et qu'on s'aperçût que tout est en carton. Mais chez les autres, la première lecture agit comme si un voile recouvrait la scène. Qui devrait déjà applaudir ici ? Ils sifflent avant que la scène ne devienne visible. C'est ainsi que se comportent la plupart ; car ils n'ont pas le temps. Pour les œuvres du langage seulement, ils n'ont pas le temps. Devant des tableaux, ils admettent plus volontiers que ce n'est pas simplement un incident qui doit être représenté, saisissable au premier coup d'œil : ils en concèdent un second pour sentir aussi quelque chose de l'art des couleurs. Mais un art de la construction des phrases ? Leur dit-on qu'il existe quelque chose de la sorte, ils pensent à l'observation des lois de la syntaxe.

En philologie, un auteur n'a pas besoin d'être infaillible. L'emploi d'un matériel impur peut aussi profiter à un dessein artistique. Je n'évite pas les régionalismes quand ils servent une intention satirique. Le trait d'esprit, qui travaille avec des idées reçues et qui présuppose une terminologie courante, préfère l'usage courant à l'usage correct, et rien n'est plus éloigné de lui que l'ambition des efforts puristes. Il s'agit d'art du langage. Qu'il y ait quelque chose de la sorte, cinq sur mille le sentent. Les autres aperçoivent une opinion où pend éventuellement un trait d'esprit qu'on peut se mettre commodément à la boutonnière. Du mystère de la croissance organique, ils n'ont pas la moindre idée. Ils ne prisent que le matériel. La présentation la plus banale peut accéder à l'effet le plus profond : sous le regard de tels lecteurs, elle devient à nouveau banale. La trivialité comme élément de mise en forme satirique : un calembour leur reste entre les mains.

Le jeu de mots, méprisable comme fin en soi, peut être le moyen le plus noble d'une intention artistique dans la mesure où il sert à l'abrégé d'une vue spirituelle. Il peut être une épigramme sociocritique.

Dans le trait d'esprit, la trivialité linguistique est souvent le contenu de l'expression artistique. L'écrivain qui s'en sert est susceptible de solennité authentique. Le pathos en soi est tout aussi dénué de valeur que la trivialité en tant que telle.

La forme est la pensée même. Elle transforme un sérieux médiocre en trait d'esprit plus profond. Ainsi, quand je dis que, dans une chambre d'enfants où jouent des garnements brutaux, il faut un cœur de mère indéchirable.

Il est impossible d'imiter ou de plagier un écrivain dont l'art réside dans le mot. On devrait alors prendre la peine de recopier son œuvre entière. Des mots qui se suffisent à eux-mêmes, qui s'impriment dans la mémoire de la moyenne et qui, pour cette raison, n'ont pas non plus la valeur la plus grande, peuvent être repris. Mais qu'ils ont l'air plat et vide dans leur nouveau contexte. Méconnaissables ! Un trait d'esprit qui s'est constitué comme l'expression naturelle et nécessaire d'un courroux a parfois le malheur d'avoir une assise si lâche que n'importe quel lourdaud qui passe là-devant peut l'arracher. La fleur se laisse cueillir et se fane vite : que ce soit maintenant un lecteur qui la mette à son chapeau ; ou un littérateur, à son arbre sans fleurs. On devrait être, en fait, particulièrement jaloux de telles fleurs. Car le public ne connaît que celles-là. Que j'aie abordé un certain nombre de mauvaises choses et fait, à ce propos, un certain nombre de bonnes plaisanteries, quelques-uns le savent. Les meilleures, on ne peut pas les citer. L'auteur parvient-il à résumer d'un trait des faits éloignés, l'objectif et son dessous, de telle sorte que la pensée est un essai abrégé, le jeu de mot sert-il même, comme élément de composition, à la sensibilité pathétique, il n'y a pas alors de popularité en vue.

On doit lire mes travaux deux fois pour s'en approcher. Mais je n'ai rien non plus contre le fait qu'on les lise trois fois. Mais je préfère qu'on ne les lise pas du tout, plutôt qu'une fois seulement. Je ne voudrais pas être responsable des congestions cérébrales d'un imbécile qui n'a pas le temps.

On doit lire tous les écrivains deux fois, les bons et les mauvais. Les uns, on les reconnaîtra ; les autres, on les démasquera.

Il maîtrise la langue allemande – cela vaut du commis. L'artiste est un serviteur du mot.

Il y a des écrivains qui peuvent déjà exprimer en vingt pages ce pour quoi il me faut parfois même deux lignes.

La somme des idées d'un exposé littéraire sera le résultat d'une multiplication, non pas d'une addition.

Étapes de qui écrit : Au commencement, on n'y est pas habitué et, pour cette raison, ça va comme sur des roulettes. Mais ensuite, ça devient de plus en plus difficile ; et quand on s'est vraiment fait la main, alors il y a plus d'une phrase dont on ne vient pas à bout.

Un livre peut faire illusion : est-ce la vision du monde de l'auteur, ou une autre simplement, qu'il représente ? Une phrase est la preuve si l'on en a une.

On ne peut dicter à une machine à écrire un aphorisme. Cela prendrait trop de temps.

En corrigeant une fois les épreuves d'un recueil de mes écrits, j'ai vu que j'ai exprimé quelque part, en une seule phrase, le conflit entre les commandements naturels et l'éthique sexuelle : « Ainsi grandissent les enfants de ce temps, ne sachant pas ce qu'ils doivent, et sachant tout ce qu'ils ne doivent pas. » Le typographe, qui anticipait le point de vue du lecteur intelligent, avait modifié la phrase comme suit : « Ainsi grandissent les enfants de ce temps, ne sachant pas ce qu'ils doivent *savoir*, et sachant tout ce qu'ils ne doivent pas. » Une opinion parfaitement compréhensible, qui n'occasionnera à aucun lecteur des maux de tête : elle touche le problème de l'éducation sexuelle. Et celui-ci est bien plus agréable que l'autre conception, qui a le désavantage aussi de pouvoir être détruite par une faute d'impression.

Un aphorisme n'a pas besoin d'être vrai, mais il doit survoler la vérité. Il doit la dépasser d'un trait.

Un journaliste, c'est quelqu'un qui exprime ce que le lecteur s'est déjà dit de toute façon, sous une forme dont ne seraient quand même pas capables tous les commis.

Est-il permis de prendre un bain de pieds dans la source de la langue allemande ? Ce rafraîchissement-là devrait être interdit !

Qu'ils gardent viable le feuilleton, c'est le compliment suprême qu'on peut faire aux littérateurs d'aujourd'hui. Mais comment cela sonne-t-il, si on dit qu'ils rendent la vie feuilletonable ?

Les feuilletonistes et les coiffeurs ont également à faire avec les têtes.

Écrire un feuilleton consiste à faire des boucles sur une calvitie.

Les littérateurs les plus dangereux sont ceux qu'une bonne mémoire dispense de toute responsabilité. Il n'y peuvent rien, ni pour ni contre, de rencontrer ainsi quelque chose. Je préfère déjà un honnête plagiaire.

D'abord le chien renifle, puis il lève lui-même la patte. Contre ce manque d'originalité, on ne peut décemment rien objecter. Mais que le littérateur lise d'abord, avant d'écrire, c'est consternant.

L'un écrit parce qu'il voit ; l'autre, parce qu'il entend.

En littérature, il y a deux ressemblances différentes. Quand on trouve qu'un auteur en a un autre pour parent, et quand on découvre qu'il l'a simplement pour connaissance.

Pour son instruction, un écrivain devrait plus vivre que lire. Pour sa distraction, un écrivain devrait plus écrire que lire. Alors peuvent naître des livres que le public lit pour son instruction et sa distraction.

Je ne connais pas de lecture plus difficile que la lecture facile. L'imagination se heurte aux minuties et se lasse trop vite pour continuer à travailler, serait-ce par elle-même. On survole les lignes où est décrit le mur d'un jardin, et l'esprit s'attarde sur un océan. Que ce voyage spontané serait délicieux si le bateau sans gouvernail ne se brisait pas à nouveau, juste à contretemps, contre le mur du jardin. La lecture difficile offre des dangers qu'on peut ignorer. Elle applique les forces, alors que l'autre les libère et les abandonne à elles-mêmes. La lecture difficile peut être un danger pour de faibles forces. Pour la lecture facile, le danger est dans une grande force. L'esprit doit être à la hauteur de celle-là ; celle-ci n'est pas à la hauteur de l'esprit.

Dans le travail littéraire, je trouve plaisir, et le plaisir littéraire se transforme pour moi en travail. Pour tirer plaisir du travail d'un autre esprit, je dois commencer par adopter une attitude critique à son égard ; métamorphoser donc la lecture en un travail. C'est pourquoi il me sera toujours plus agréable et facile d'écrire un livre que de lire.

L'esprit véritablement, et à tout instant, productif ne sera pas facilement disposé à la lecture. Il est, par rapport au lecteur, comme la locomotive par rapport au voyageur par agrément. On ne demande pas non plus à l'arbre comment lui plaît le paysage.

Écrire un roman peut être un pur plaisir. Il n'est déjà plus sans difficulté de vivre un roman. Mais lire un roman, je m'en garde dans toute la mesure du possible.

Mais où est-ce que je prends donc tout ce temps pour ne pas lire tant de choses ?

Le lecteur tolère volontiers que l'auteur le confonde par sa culture. Chacun est impressionné de n'avoir pas su comment se dit Corfou en albanais. Car, dorénavant, il le sait, et il peut se distinguer des autres qui ne le savent toujours pas. La culture est l'unique prémisse dont le public ne prenne pas ombrage, et la célébrité du jour est acquise à un auteur qui humilie le lecteur sur ce point. Mais malheur à qui présuppose des capacités qui ne peuvent pas être rattrapées, ou dont l'emploi est rattaché à des désagréments ! Que l'auteur en ait su plus que le lecteur est en ordre, mais qu'il ait plus pensé, cela ne lui sera pas si aisément pardonné. Le public ne doit pas être plus bête. Et il est même plus astucieux que l'auteur cultivé, car il apprend par sa revue comment se dit Corfou en albanais, alors que celui-ci a dû consulter auparavant un dictionnaire.

Quand on lit un de ses exposés mythologico-politiques, on en vient à haïr la culture plus qu'il n'est absolument nécessaire.

Le manque profondément ressenti de personnalité a créé un état d'incendie spirituel. Les bœufs s'échappent de l'étable, dans les flammes : le publiciste s'échappe du sujet, dans la culture. Dans cette pestilence spirituelle, on se bouche le nez.

Un agitateur saisit la parole. L'artiste est saisi par la parole.

Assurément, l'acquisition de personnalité à l'intérieur d'un parti n'est pas concevable. Mais se tient-on aussi en dehors des partis, on ne peut quand même pas échapper parfois à la nécessité de reconnaître une couleur qui se trouve être une couleur de parti. C'est fâcheux, mais, comme écrivain, on a une issue honorable : l'intonation. Pour la populace, l'opinion pourra être le principal, mais on s'en distinguera par l'intonation avec laquelle on dira l'opinion. Un journaliste qui, des années durant, a flagorné les idées de la noblesse, se sent lésé dans un procès avec un noble et il découvre : « Que le plaignant s'appelle Moltke ou bien Cohn, c'est tout un ; car devant la Loi et les tribunaux, tous les citoyens sont égaux. » C'est simplement vrai ; donc, mauvais. C'est vrai, mais c'est dit avec un sérieux d'animal, comme si toute la vie intellectuelle du déclarant culminait dans cette exigence. Dans une situation semblable, je poserais la même exigence ; je crois cependant qu'avec l'insistance la plus vive que j'y mettrais, un abîme me séparerait encore de mes compagnons d'idée ; au point que le tribunal viendrait, certes, à reconnaître son injustice mais que la démocratie, à cause de moi, réclamerait l'abolition de l'égalité. Quand je dois poser une exigence libérale, je la pose de telle manière que la réaction obtempère et que le progrès me renie. Ce qui importe, c'est l'intonation de l'opinion et la distance avec laquelle on la formule. C'est un signe d'absence de talent littéraire, de tout dire avec la même intonation et la même distance.

Le diplomate E. a été accusé d'avoir eu des relations sexuelles avec un homme appelé Constant, et le journaliste H.* écrit sur les capacités diplomatiques de cet homme les paroles suivantes : « Il lui manque un fondement constant. » Heine eût-il écrit cette phrase, il aurait aussi ajouté immédiatement : naturellement pas dans tous les sens du terme. C'eût été une pointe triviale, dans le style de ces trivialités contre Platen, dont on a peine à comprendre qu'elles n'aient pas étouffé la gloire littéraire de leur auteur. Heine aurait fait la plaisanterie, ou il aurait, du moins, aussitôt remarqué que la phrase qu'il voulait sérieuse était une plaisanterie ; ce qui revient au même pour le mérite créateur. À l'autre H. cependant, il manque la capacité de faire une plaisanterie et, même, de prendre simplement conscience d'un sens plaisant. Or, il n'y a rien qui ne découvre plus sensiblement les capacités littéraires que la possibilité de susciter chez le lecteur des représentations qu'on n'a pas projetées. Mieux vaut ne pas exprimer ce qu'on pense, qu'exprimer ce qu'on ne pense pas. L'écrivain doit connaître tous les cheminements de pensée que sa parole pourrait ouvrir. Il doit savoir ce qui se passe avec sa parole.

---

* Le publiciste allemand Maximilian Harden (N.d.T.).

Plus les relations auxquelles celle-ci se prête sont nombreuses, plus son art est grand ; mais elle ne doit pas se prêter à des relations qui restent dérobées à l'artiste. Qui met le diplomate E. en relation avec « fondement constant » et ne remarque pas qu'il a fait une plaisanterie n'est pas un écrivain. L'autre, qui souligne le sens plaisant de la tournure, ne m'inspire pas précisément du respect. J'en aurais agi, moi, de la sorte : omis la remarque sérieuse parce que sa plaisanterie m'aurait frappé ; et la remarque plaisante me serait-elle venue à l'esprit, je ne l'aurais pas écrite.

Un âne estime que mes paroles sur le style de H. : « L'emphase est une béquille », sont un aveu. Certes, je suis parfois aussi « difficilement compréhensible » que celui-ci. La distance entre nous et le lecteur de café est également grande. À cela près que celui-ci devance impatiemment celui-là et qu'il laisse en plan toute la mythologie politique alors que H. est encore loin d'en avoir terminé avec un débit de pensée ; et que je parviens à échapper au lecteur. C'est la différence entre la graisse et les tendons. Que le lecteur préfère encore celle-ci, il se peut ; mais il est triste qu'il confonde deux substances aussi différentes. Quant au reste, je concède volontiers qu'il y a des auteurs qui ont sur moi le défaut d'écrire de manière aisément compréhensible. Mais cette différence-là aussi, rares sont ceux qui peuvent la reconnaître, la différence entre une manière d'écrire où la pensée est devenue langue et où la langue est devenue pensée, et une autre où la langue représente simplement l'enveloppe d'une opinion. Il est aujourd'hui possible de confondre un sculpteur avec un tailleur parce que tous deux créent des formes.

Seule une langue qui a le cancer incline aux formations nouvelles.

Employer des mots inusités est une inconvenance littéraire. On ne doit présenter au public que des embûches intellectuelles.

Les rats délaissent le navire qui coule, après avoir attrapé une indigestion de lard. Cela vaut de l'entourage et du style d'un certain publiciste allemand.

Heine est un Moïse qui a frappé de son bâton le rocher de la langue allemande. Prestesse n'est cependant pas magie; l'eau n'a pas jailli du rocher mais il l'avait apportée dans l'autre main, et c'était de l'eau de Cologne.

Heine a créé ce qu'on peut de plus haut avec le langage. Plus haut se trouve ce qui est créé à partir du langage.

L'un des poèmes les plus insignifiants, et donc les plus fameux, de Henri Heine commence par la question : que veut cette larme solitaire qui trouble le regard du poète ; qui, comme il l'admet lui-même, est restée là, dans son œil, depuis des temps anciens et qui, néanmoins, est conservée, tout au long du poème, à l'état non séché. Bien qu'il se soit donc lui-même privé de la possibilité d'une vision claire, ce lyrique a exceptionnellement réussi la plastique des larmes. Je serais presque tenté de dire à son éloge qu'il a trouvé la poésie de l'orgelet.

Là où il n'y a plus la force ni de rire ni de pleurer, l'humour sourit à travers les larmes.

L'ironie sentimentale est un chien qui aboie à la lune cependant qu'il compisse les tombes.

Je connais une sorte d'écrivains sentimentaux qui est plate et qui pue. Punaises du galetas de Heine.

En littérature, on se gardera des charlatans de la construction des phrases. Leurs maisons ont d'abord des fenêtres, et puis seulement des murs.

Les confiseurs de l'esprit livrent des fruits confits de lecture.

« Bien écrire » sans personnalité peut suffire pour le journalisme. À la rigueur pour la science. Jamais pour la littérature.

Pourquoi certain écrit-il ? Parce qu'il n'a pas assez de caractère pour ne pas écrire.

Saillie d'esprit est souvent pauvreté d'esprit qui pétille sans inhibition.

La faveur de Saphir ne connaissait pas de limites. Il n'opposait au public aucune pensée et ne le dérangeait par aucune conviction. Ses trouvailles étaient un renvoi, sa poésie était un hoquet.

Littérateurs allemands : Les lauriers dont rêve l'un ne laissent pas dormir l'autre. Un autre rêve à son tour que ses lauriers ne laissent pas dormir un autre, et celui-ci ne dort pas parce que l'autre rêve de lauriers.

Comme on me présentait récemment un de nos jeunes poètes, la question m'a échappé et je lui demandai dans quelle banque il composait. C'était vraiment involontaire, et je ne voulais pas offenser le pauvre diable.

Les feuilletonistes sont des merciers contrariés. Leurs parents les ont contraints à un métier plus intelligent, mais le talent initial se fait quand même jour.

Il y a des têtes vides plates et profondes.

L'idée qu'un journaliste écrive tout aussi juste sur un nouvel opéra que sur un nouvel ordre du jour parlementaire a quelque chose d'oppressant. Il pourrait certainement en remontrer aussi à un bactériologiste, à un astronome et peut-être même à un prêtre. Et s'il venait à rencontrer un spécialiste en mathématiques supérieures, il lui prouverait qu'il est chez soi dans des mathématiques supérieures encore.

L'esprit de l'écrivain journaliste est tout au plus l'éclair de chaleur d'une conviction qui a éclaté quelque part. Seule frappe la pensée qui est talonnée par le tonnerre d'un pathos.

Le journalisme pense sans le plaisir de la pensée. Relégué dans un tel domaine, l'artiste ressemble à une hétaïre contrainte à la prostitution. À cela près que celle-ci succombe sans mal à la contrainte aussi. La contrainte au plaisir peut signifier pour elle du plaisir ; pour celui-là, du déplaisir uniquement.

La prostitution du corps partage avec le journalisme la capacité de ne pas devoir ressentir, mais possède sur lui la capacité de pouvoir ressentir.

Le public n'accepte pas tout sans broncher. Il repousse avec indignation un écrit immoral s'il remarque son intention culturelle.

Qu'une chose soit artistique ne doit pas nécessairement lui causer du tort auprès du public. On surestime le public si l'on croit qu'il prend ombrage de l'excellence de la représentation. Il ne prête absolument pas attention à la représentation et accepte aussi bonnement ce qui est précieux, à condition seulement que cela corresponde par hasard à un intérêt commun.

Un bon écrivain ne reçoit pas, de loin, autant de lettres d'insulte anonymes qu'on le suppose généralement. Sur cent nigauds, il n'y en a pas dix qui l'avouent, et il y en a tout au plus un qui le couche par écrit.

Ce n'est pas une feuille bien gérée, où la défection des adhérents n'est pas amenée par un acte délibéré de l'éditeur. La déception du lecteur ne doit pas être une surprise pour l'auteur. Ne peut-il les gagner à sa vision des choses, qu'il soit alors ruiné matériellement par leur indignation, plutôt que spirituellement, par sa reddition.

La question angoissée s'élève de savoir si le journalisme, auquel on jette en pâture les meilleures œuvres sans mot dire, n'a pas aussi corrompu déjà pour les temps à venir la réceptivité à l'art du langage.

Les pieds-plats gagnent sur toute la ligne. Cette constatation cerne de toutes parts comme une muraille derrière laquelle on a tout juste le droit encore de désespérer. Mais la muraille ne reste pas arrêtée, elle se rapproche toujours plus. C'est la vision de Poe, du *Puits et le pendule*. « Plus bas et toujours plus bas ! Je trouvais un plaisir dément à comparer la vitesse des oscillations vers le haut et vers le bas. Droite-gauche, vers le haut et vers le bas, cela ne s'arrêtait pas... À ce spectacle, alternativement, je riais et je pleurais, selon que l'une ou l'autre représentation prenait le dessus. Plus bas et toujours plus bas, inexorablement. Il ne sifflait plus qu'à trois pouces au-dessus de mon cœur... » La comparaison n'est que partiellement exacte dit, pour me consoler, un ami ; car le puits sur le bord duquel se tient le prisonnier, – il signifie non pas un supplice mais la possibilité créatrice de devenir maître de toutes ces horreurs.

Lichtenberg creuse plus profondément que tout autre mais il ne remonte pas à la surface. Il parle sous terre. Seul l'entend qui soi-même creuse profondément.

Cela ne blesse en rien le respect dû à Schopenhauer si l'on ressent parfois les vérités de ses petits écrits comme un remue-ménage. Il se plaint des portes qu'on claque, et que ses récriminations sont distinctes ! On entend véritablement comme on les claque, les portes ouvertes.

Rares sont les vieux livres qui, entre ce qui ne se comprend plus et ce qui se comprend de soi-même, ont conservé un contenu vivant.

Au commencement il y avait le service de presse, et quelqu'un le reçut, envoyé par l'éditeur. Puis il écrivit un compte rendu. Puis il écrivit un livre, que l'éditeur accepta et qu'il transmit comme service de presse. Le suivant, qui le reçut, fit de même. C'est ainsi que s'est constituée la littérature moderne.

Le projet du jeune Jean Paul était : « Écrire des livres, pour pouvoir acheter des livres. » Le projet de nos jeunes écrivains est de recevoir gratis des livres, pour pouvoir écrire des livres.

Depuis que des pommes pourries ont une fois servi à l'inspiration dans la dramaturgie allemande, le public craint de les employer comme moyen d'intimidation.

Comme les assassins, dans Shakespeare, se succèdent maintenant des littérateurs qui veulent assassiner Shakespeare. Ce sont des personnages comiques, comme ceux-là, et ils ne sont pas récompensés, comme ceux-là. Seule leur efficacité est moindre ; et finalement, ils se retrouvent tous étendus par terre, comme les assassinés dans Shakespeare.

Des réviseurs sur Shakespeare-Schlegel ! Les ailes qui ont poussé à un mot, les lui briser ; seule une conscience philologique en est capable.

Un valet, chez Nestroy, vient à bout du fardeau de l'existence et met l'ennui à la porte. Il a la main plus ferme qu'un professeur de philosophie.

Il faudrait établir un réseau d'ascenseur spirituel pour qu'on évite les fatigues inouïes qui sont rattachées à l'abaissement jusqu'au niveau des lettres actuelles. Quand je reviens à moi, je suis toujours absolument hors d'haleine.

Mon oreille me permet d'imiter un acteur que j'ai entendu, il y a des années, dans un rôle de serviteur, sur une scène de province, et que je n'ai plus revu depuis. C'est une véritable malédiction. J'entends la voix de toute personne que j'ai entendue parler une fois. Seuls les écrivains d'aujourd'hui, dont je lis les feuilletons, je ne les entends jamais parler. Aussi dois-je commencer par assigner à chacun un rôle particulier. Quand je lis un article de journal viennois, j'entends un garçon de café, ou un colporteur qui m'a refilé une fois, il y a des années, un canif. Ou c'est une conférence chez la concierge. Bref, je dois me mettre au diapason d'un dialecte quelconque de l'esprit, pour arriver à m'en sortir. Mais c'est là, sans doute, la voix de l'auteur.

Chez certains écrivains, l'œuvre tient lieu de personnalité. Chez d'autres, la personne s'interpose devant l'œuvre. On est forcé de l'ajouter en pensée, qu'on le veuille ou non. Chaque haussement d'épaules de l'ironie, chaque geste de la main d'indifférence.

Le dramaturge tiendra la balance égale entre la scène et le public. Quand ses personnages prennent place pour une conversation, le public s'agite comme s'il voulait se lever. Seul le mouvement sur scène assure le calme dans le public. S'asseoir sur scène donne le signal pour l'ennui.

Mon regard est tombé sur la dernière page du drame *Jeunesse**. Comme la littérature était jeune alors ! Hänschen se jette sur le cadavre d'Annchen en s'écriant : « Fi-ni ! » S'il y avait eu « Fini ! », l'interprète ne l'aurait sans doute pas trouvé. Effectivement, le naturalisme était le professeur de nata-

---

* De Max Halbe (N.d.T.).

tion de l'insuffisance. S'il ne lui donnait pas la ceinture du dialecte, par de telles indications, il lui tendait du moins la perche.

Il existe une meilleure vérité de nature que celle de cette petite réalité dont la représentation a permis, deux décennies durant, à la littérature allemande de nous livrer, à la sueur de son front, d'indigentes preuves d'identité.

L'étroitesse d'un artiste mineur ne gêne que lorsqu'il en devient conscient et qu'il se tourne contre le monde extérieur. Dans les descriptions viennoises de P.*, qui sont pleines de prose lyrique, j'ai un peu le même sentiment que si un cheval de cabriolet avait éveillé l'Hippocrène. Par ses textes critiques, je remarque que la source des Muses jaillit en Béotie.

Un écrivain pornographique peut aisément avoir du talent. Plus les bornes de la terminologie sont éloignées, plus l'effort de la psychologie est minime. Si je puis désigner populairement l'acte sexuel, la partie est à moitié gagnée. L'effet d'un mot prohibé

---

* Alfred Poigar, journaliste viennois (N.d.T.).

contrebalance toutes les tensions, et le contraste entre le surprenant et l'habituel est presque un élément humoristique.

De même qu'il y a toujours des visages nouveaux, bien que le contenu des hommes se distingue peu, de même, à matériel de pensée identique, il doit toujours y avoir des phrases nouvelles. C'est que, là aussi, compte finalement le créateur, qui a la capacité d'exprimer la nuance la plus légère.

Une tête créatrice dit aussi par elle-même ce qu'une autre a dit avant elle. Ainsi un autre peut-il imiter des pensées qui ne viendront qu'ultérieurement à une tête créatrice.

Des idées personnelles ne doivent pas toujours être neuves. Mais qui a une idée neuve peut facilement l'avoir d'un autre.

Une constatation nouvelle doit être formulée de telle sorte qu'on croie que c'est simplement un effet du hasard si les oiseaux ne la crient pas déjà sur tous les toits.

Il y a des vérités par la découverte desquelles on peut démontrer qu'on n'a pas d'esprit.

Thèmes publicistes : non pas la grandeur de la cible importe, mais la distance.

Il peut y avoir plus de courage et de tempérament à attaquer un charretier qu'un roi.

On peut écrire un livre sur un zéro auquel on ferait trop d'honneur par une ligne.

Le plaisir de donner forme satirique à des événements qui, objectivement, peuvent n'avoir qu'une importance réduite, je ne l'ai jamais négligé par crainte de rendre l'objet connu ou populaire. J'ai toujours témoigné au moindre prétexte trop d'honneur.

Une vérité sans art sur un mal est un mal. Elle doit être précieuse par elle-même. Alors elle réconcilie avec le mal, et avec la douleur qu'il y ait du mal.

Les insultes ne doivent pas être prohibées en elles-mêmes. Elles doivent l'être seulement quand elles constituent une fin en soi. Un styliste doit savoir utiliser une insulte comme si un cocher ne l'avait encore jamais employée auparavant. L'incapacité recherche des mots inusités. Mais un maître dit aussi la chose la plus commune pour la première fois. Une menace de gifles peut ainsi agir non seulement comme l'expression organique d'une humeur mais comme une pensée même. Et le *Götz von Berlichingen*, comme une nouveauté.

Le nom ne peut pas toujours être cité. Non pas que quelqu'un l'ait fait, mais que cela fût possible, doit être dit.

Un piètre sarcasme qui se soulage dans des ponctuations et qui emploie les points d'exclamation, d'interrogation et de suspension comme des fouets, des rets et des piques.

Qui a de l'esprit peut aussi lancer des traits usés. Ils ne sont jamais d'emprunt : on leur croit l'originalité. Même si l'enfant ressemble jusqu'au bout des ongles à un étranger, c'est quand même le sien propre. Plus que l'enfant, c'est la naissance qui importe.

Raconter le trait d'un homme d'esprit revient simplement à ramasser une flèche. Comment elle fut décochée, la citation ne le dit pas.

Écrire un aphorisme quand on le peut est souvent difficile. Il est plus facile d'écrire un aphorisme quand on ne le peut pas.

Vis-à-vis d'un écrivain, le reproche de vanité n'est pas de mise. Quand il écrit qu'il se considère comme un auteur important, il peut le prouver dans cette phrase-là, alors que le musicien se verrait déjà démenti par la tentative d'une telle musique à programme.

Les secrets vis-à-vis des particuliers ne doivent pas être des secrets vis-à-vis du public. Ils sont mieux gardés là, parce qu'on y détermine soi-même la forme de la communication. Pour qui la forme signifie le fond, il ne sera pas question de lâcher la parole. Il ne sera pas désarçonné par le reproche de cachotterie ou de manque extrême de pudeur, ou par les deux à la fois.

Je suis à tout moment prêt à publier ce que j'ai communiqué à un ami sous le sceau du plus profond secret. Mais il ne doit pas le rapporter.

Être dégoûté de l'existence parce qu'on a trouvé dans son travail une faute que personne d'autre ne voit ; se tranquilliser seulement quand on en trouve encore une deuxième, car la tache sur l'honneur est alors couverte par la reconnaissance de l'imperfection de tout effort humain : c'est par un tel talent pour le tourment que l'art me paraît se distinguer de l'artisanat. Les esprits plats pourraient prendre ce trait pour de la pédanterie ; mais ils ne soupçonnent pas quelle est la liberté dont est issue semblable contrainte, et quelle est l'aisance de production où conduit semblable embarras délibéré. Rien ne serait plus absurde que de parler d'ergotage sur la forme là où la forme est non pas l'habit de la pensée mais sa chair. Cette poursuite des dernières possibilités d'expression conduit jusqu'aux entrailles du langage. Il se crée là cette intrication où ne peut plus être établie la frontière entre le quoi et le comment, et où l'expression était souvent là avant la pensée, jusqu'à ce que, sous les coups de lime, celle-là ait donné l'étincelle. Les dilettantes travaillent avec assurance et vivent contents. Il m'est souvent arrivé déjà, pour un mot que la balance délicate de ma sensibilité stylistique refusait, d'arrêter les presses et de mettre au pilon l'imprimé. La machine fait violence à l'esprit au lieu de le servir : il veut ainsi lui montrer qui est le maître. Quand ai-je donc terminé, puisque la parution ne peut finalement pas être empêchée et qu'elle n'apporte quand même pas la césure tant souhaitée du labeur ? Hélas, je n'ai terminé avec un travail que lorsque j'en aborde un autre; voilà ce que durent mes « corrections d'auteur-propre ». Voilà ce que dure aussi la précieuse folie, car elle donne prix à la vie, qui consiste à croire que le lecteur remarquera l'absence d'une idée née après terme. Et vis-à-vis d'une écriture qui se repent ainsi, jusqu'au sang, de son imperfection, le lecteur considère sa capacité de lecture abâtardie au journalisme comme parfaite. Il a acquis pour quelques sous un droit à la superficialité : car rentrerait-il dans ses frais s'il devait entrer dans le compte du travail ? Les choses s'en trouveraient peut-être mieux, si les écrivains allemands voulaient appliquer à leurs manuscrits le dixième des soins que je prodigue après coup à mes imprimés. Un ami qui m'a souvent assisté comme sage-femme s'étonnait de la facilité de mes naissances et de la difficulté de mes couches. Les autres ont la belle vie. Ils travaillent à leur table et s'amusent en société. C'est pourquoi j'évite la société. Je pourrais tout au plus demander aux gens s'ils préfèrent tel ou tel mot. Et cela, les gens ne le savent pas.

Un bon auteur craindra toujours que le public ne remarque quelles pensées lui sont venues trop tard.

Mais le public est bien plus indulgent en la matière qu'on ne croit, et ne remarque pas non plus les pensées qui sont là.

On doit à chaque fois écrire comme si l'on écrivait pour la première et la dernière fois. Dire autant de choses que si l'on faisait ses adieux, et les dire aussi bien que si l'on faisait ses débuts.

Je ne maîtrise pas la langue ; mais la langue me maîtrise complètement. Elle n'est pas, pour moi, la servante de mes pensées. J'entretiens avec elle une liaison qui me fait concevoir des pensées, et elle peut faire de moi ce qu'elle veut. Je lui obéis au mot. Car, du mot, s'élance à ma rencontre la pensée juvénile, et elle forme rétroactivement la langue qui l'a créée. Semblable grâce de la gestation des pensées met à genoux et transforme en devoir tous les soins anxieusement dépensés. La langue est une maîtresse des pensées ; et quelqu'un parviendrait-il à renverser le rapport, il trouvera en elle une servante utile dans le ménage, mais qui lui refusera ses faveurs.

Le mot le plus ancien, de près, sera comme étranger, nouveau-né, et inspirera des doutes sur sa viabilité. Alors il vivra. On entend battre le cœur du langage.

Ô volupté dévorante des expériences du langage ! Le péril du mot est le plaisir de la pensée. Qu'est-ce qui a tourné là, à l'angle ? Pas encore perçu et déjà adoré ! Je me précipite dans cette aventure.

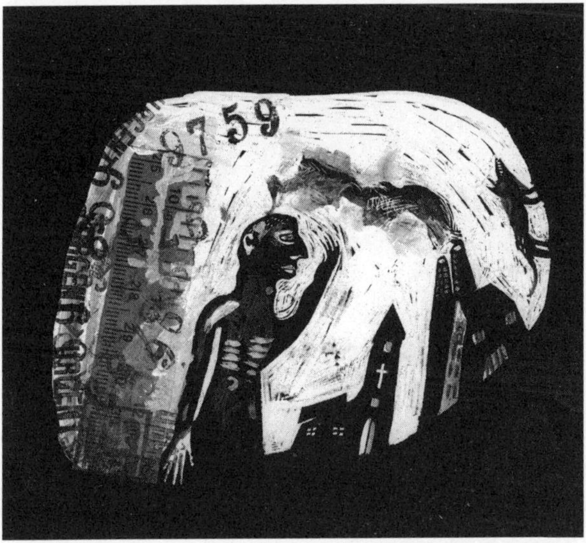
9759

DE L'ARTISTE

Des êtres créateurs peuvent se fermer à l'impression d'une création étrangère. C'est pourquoi ils ont souvent une attitude de rejet vis-à-vis du monde ; même si son imperfection, il n'est pas rare qu'ils la ressentent.

Si Dieu vit que c'était bien, alors la croyance humaine lui a prêté la vanité mais non pas l'incertitude du créateur.

L'artiste ne se laissera jamais emporter par vanité au contentement de soi.

L'art doit déplaire. L'artiste veut plaire, mais il ne fait rien pour complaire. La vanité de l'artiste se satisfait dans l'activité. La vanité de la femme se satisfait dans l'écho. Elle est créatrice comme l'autre, comme l'activité même. Elle vit dans l'éloge. L'artiste, à qui la vie refuse de droit l'éloge, l'anticipe.

Le signe de l'art : faire de ce qui va de soi un problème pour soi, et décider les problèmes des autres ; savoir pour les autres, et vivre soi-même dans l'enfer par le doute ; interroger un domestique, et répondre à un maître.

L'art de celui qui écrit lui permet de ne pas vaciller sur la corde raide d'une période sous haute tension, mais lui rendra tel point problématique. Il peut se mesurer à l'inhabituel ; mais que toute règle se résolve pour lui en un chaos de doutes.

Si je dois en écrire, je doute de la clarté du soleil, dont je suis convaincu.

Le commis dit que je suis vain. En effet, je suis vain de mon incertitude plus que le commis ne l'est de sa position.

La capacité de douter, après s'être promptement décidé, est la plus haute et la plus virile.

Il y a un doute productif qui va au-delà d'un ultime, qui est mort. Je pourrais remplir des cahiers avec les pensées qui me sont venues jusqu'à une pensée ; et des volumes, avec celles qui me sont venues après une pensée.

La plupart des écriveurs sont tellement immodestes qu'ils parlent toujours de la cause, lorsqu'ils devraient parler d'eux.

L'exigence qu'une phrase soit lue deux fois, parce qu'alors seulement s'en dégagent sens et beauté, passe pour présomptueuse ou démente. Voilà jusqu'où le journalisme a conduit le public. Il ne peut se représenter, par l'art du mot, rien d'autre que la capacité de rendre sensible une opinion. On écrit « sur » quelque chose. Les barbouilleurs n'ont pas encore corrompu le goût à la peinture aussi fondamentalement que les journalistes, le goût de l'écriture. Ou c'est le snobisme qui joue en l'occurrence et retient le public d'admettre que, dans le tableau aussi, il ne saisit que le sujet. N'importe quel galopin de la bourse sait, aujourd'hui, que, pour la forme, il doit s'arrêter deux minutes devant une toile. En vérité, il s'en contente aussi, de ce qu'on peigne sur quelque chose. L'imposture avec laquelle les aveugles parlent de la couleur est grave. Mais plus grave est l'impudence avec laquelle les sourds réclament la langue comme instrument du bruit.

Pourquoi le public est-il aussi insolent à l'égard de la littérature ? Parce qu'il maîtrise la langue. Les gens s'avanceraient de même, exactement, contre les autres arts, si c'était un moyen de communication que se chanter, se barbouiller de couleur ou se lancer du plâtre. Le malheur, c'est que la poésie procède d'un matériel que la racaille a journellement entre les doigts. C'est pourquoi c'est sans espoir pour la littérature. Plus elle s'éloigne de l'intelligibilité, et plus le public réclame instamment son matériel. Le mieux serait encore de dérober la littérature au public jusqu'à ce qu'il y ait une loi qui interdise aux gens la langue usuelle et ne les autorise qu'en cas d'urgence à se servir d'un langage par signes. Mais d'ici qu'il y ait cette loi, ils auront probablement appris à répondre à l'aria « Comment vont les affaires ? » par une nature morte.

Le journalisme, qui parque les esprits dans son étable, s'empare entre-temps de leurs pâturages. Des écriveurs de jour voudraient être auteurs. Des recueils de feuilletons paraissent, où rien n'étonne autant que ceci, que le travail ne se soit pas effrité entre les mains du relieur. On cuit du pain avec des miettes. Qu'est-ce donc, qui leur donne l'espoir de durer ? L'intérêt durable pour le sujet qu'ils « choisissent ». Si untel cause sur l'éternité, ne devrait-il pas être entendu tant que durera l'éternité ? C'est de ce paralogisme que vit le journalisme. Il dispose toujours des plus grands thèmes ; et, entre ses mains, l'éternité peut devenir actuelle ; mais c'est aussi pourquoi, avec la même facilité, elle cessera de l'être, pour lui. L'artiste met en forme le jour, l'heure, la minute. Aussi limitée et contingente, dans le temps et le lieu, que soit son occasion, son œuvre croît, démesurément et librement, plus elle s'éloigne de l'occasion. Qu'elle vieillisse sereinement dans l'instant : elle rajeunira dans des décennies.

Là contre, la tendance du journalisme à déplacer les valeurs ne peut rien. Il a beau donner aux montres qu'il met à l'heure des bons de garantie d'un siècle : elles s'arrêtent sitôt que l'acheteur quitte la boutique. L'horloger dit que la faute en est au temps, non à la montre ; et il voudrait que celui-ci s'arrête, pour sauver la réputation de la montre. Il lui fait donc passer un mauvais quart d'heure, ou le passe sous silence comme s'il était mort. Mais son génie poursuit sa marche, et il fait jour et il fait nuit, nonobstant le cadran. Lorsqu'il sonne dix, et que les aiguilles indiquent onze, nous pouvons nous arrêter en plein midi, et le soleil se moque de l'horloger dépité.

Dire qu'avec toute son outrecuidance, la mécanique, qui ne veut pas se contenter de la gloire d'une utilité sociale, ne puisse « mettre au pas » les lois de la nature ! Les journalistes s'assurent les uns les autres que leurs œuvres sont immortelles ; mais pas même l'assurance ne demeure, bien qu'elle pût y prétendre à vrai dire. Dans le même temps, un secret a la force de se glisser dans toutes les bouches. L'Autriche est le pays où on parle le plus haut et où on se tait le plus longtemps. C'est le pays où des cortèges sont organisés et où des cavernes de stalactites sont découvertes. « Or il est apparu qu'il ne s'agissait pas d'une de ces nombreuses cavernes insignifiantes, qu'on rencontre fréquemment dans les montagnes calcaires ; ce sont de formidables espaces souterrains qui s'étendent des heures durant à l'intérieur de la montagne. La caverne mène horizontalement, à travers la roche, dans la montagne, et peut être parcourue jusqu'à une profondeur de trois cents mètres, sans aucun danger par n'importe qui. Et même plus loin, les difficultés de pénétration ne sont pas considérables et ne sont aucunement en rapport avec le spectacle merveilleux qui s'offre au spectateur. Une voûte d'arches en ogive d'une hauteur incalculable enferme de splendides stalactites. Sur le sol, il y a de très bizarres formations de calcite et de dolomie non encore figée. Sur les parois s'aperçoivent de délicates figures d'une structure blanche et bleue, cristal de roche et cristaux de fer. Les explorateurs avancèrent des heures durant jusqu'au cœur de la montagne et ne purent trouver de fin aux couloirs et aux galeries… »

Est-ce là le langage de la spéléologie ? La science littéraire parle autrement. Nous sommes habitués à d'autres curiosités insignes : cortèges solennels qui éblouissent l'œil des contemporains telle une structure de miracle et de son.

Ce qui vit de la matière meurt avant la matière. Ce qui vit dans la langue vit avec la langue.

Qui ne pense pas pense qu'on n'aurait une pensée que lorsqu'on l'a et qu'on la revêt de mots. Il ne comprend pas qu'en vérité ne l'a que celui qui a le mot, dans lequel croît la pensée.

Le sens prit la forme ; elle se débattit et se soumit. La pensée en jaillit, qui portait leurs traits à tous deux.

La langue est la mère, non la fille, de la pensée.

Qu'il y ait eu là une forme avant un contenu, c'est ce qu'un lecteur ne peut lire sur les traits de la pensée visible ; et il n'a pas non plus à le faire. Mais on le lui montrera par cette tentative d'en rappeler une qui est tombée sous le seuil de conscience. Il serait vain, là, d'associer en largeur. Il ne sert à rien, pour qui l'a trouvée et perdue, de s'en approcher par tâtonnement matériel. La pensée, par exemple, que « l'arbre cache la forêt », ne réagirait pas à la rencontre d'une forêt qu'on viendrait à voir, non plus qu'aux arbres qui la rendent invisible. Mais elle se rétablirait de la manière dont elle s'est constituée. On essaiera l'intonation, le geste avec lequel on pourrait l'avoir pensée ; et bientôt surgira une lueur où s'exprime en quelque sorte « effet manqué » ou « détail masquant l'ensemble » ; et voilà qu'on aperçoit la forêt qu'on ne voit pas à force d'arbres. Car penser dans la langue, c'est passer du tant au plus. De même qu'on se remémore le rêve de la nuit écoulée au contact du drap.

La langue sera la baguette qui trouve les sources de pensée.

Parce que je prends la pensée au mot, elle vient.

Certaines pensées que je n'ai pas et que je ne pouvais formuler en mots, je les ai puisées dans la langue.

Le typographe a composé : « pourrais formuler en mots ». Au contraire et par conséquent : certaines pensées que je ne pourrais formuler en mots, je les ai formulées par des mots.

La science est analyse spectrale. L'art est synthèse de la lumière.

La pensée est dans le monde, mais on ne l'a pas. Elle est dispersée par le prisme du vécu matériel en éléments de langue : l'artiste les sertit en pensée.

La pensée est quelque chose de trouvé, de retrouvé. Et celui qui la cherche la trouve de bonne foi ; elle lui appartient, même si, avant lui, quelqu'un l'avait déjà trouvée.

L'imitation précède parfois l'original. Sont-ils deux à avoir une pensée, elle appartient non au premier qui l'a eue mais au meilleur qui l'a.

En art aussi, le pauvre ne saurait rien prendre au riche ; et c'est le riche qui peut tout prendre au pauvre.

Il y a une attribution de la pensée qui se soucie peu de son séjour occasionnel.

On blâmait Monsieur v. H. pour une phrase incorrecte. À juste titre. Car il est apparu que la phrase était de Jean-Paul, et qu'elle était correcte.

L'original récupère toujours ce qui lui a été pris. Même s'il vient au monde plus tard.

Une pensée n'est légitime que si on a le sentiment de se surprendre en flagrant délit de plagiat de soi.

Les opinions sont contagieuses ; la pensée est un miasme.

En des temps qui avaient le temps, on avait, dans l'art, quelque chose à résoudre. En un temps qui a des journaux, le fond et la forme sont dissociés, pour que la compréhension soit plus rapide. Parce que nous n'avons pas le temps, les auteurs doivent nous dire prolixement ce qui pourrait se mettre en forme brève.

Il faut le plus de souffle pour l'aphorisme.

Quelqu'un qui peut écrire des aphorismes ne devrait pas s'éparpiller dans des dissertations.

L'expression, dans la pensée, ne sera pas sur mesure ; elle s'y coulera.

Une pensée peut-elle vivre sous deux formes, elle ne s'en trouve pas aussi bien que deux pensées qui vivent sous une forme.

À l'artiste et à la pensée devrait s'appliquer ce mot de Nestroy : « J'ai fait un prisonnier, et il ne me lâche plus. »

La langue serait la mère de la pensée ? Qui ne serait pas le mérite de qui pense ? Oh que si, il doit l'engrosser.

On ne s'étonne plus du miracle de la Création. Mais on n'a pas encore le courage de l'expliquer ; et Dieu même ne le saurait. Comment il y a de l'art, la science l'aura bientôt découvert. Que les pensées proviennent de la langue, c'est ce que nient d'emblée ceux qui savent parler. Car ils n'ont encore jamais observé chez eux chose pareille. L'œuvre d'art se constitue, à leur avis, tel un homuncule. On prend une matière donnée et on l'enrobe d'une forme. Mais comme se fait-il que l'âme se crée la peau et les os ? Elle qui, quelque part, vit aussi sans peau ni os ; alors que ceux-ci ne peuvent vivre nulle part sans âme, et ne sont pas en état de se la procurer quand ils veulent.

Le créateur et les amants s'affirment dans la distance de l'occasion au vécu. La pensée et le plaisir ont en commun leur caractère accessoire et incessant. Avec l'artiste et avec la femme, le monde environnant peut faire ce qu'il lui plaît.

Le moraliste doit toujours faire comme s'il venait au monde pour la première fois ; l'artiste, comme si c'était une fois pour toutes.

L'effet de l'art est une chose qui est sans commencement et qui, pour cela, est sans fin.

L'art se fait humble devant un présent qui se sait supérieur à l'éternité.

En art, il importe peu qu'on prenne des œufs et de la graisse ; mais il importe qu'on ait du feu et une poêle.

L'effet, dit Wagner, est sans cause. L'art est cause sans effet.

Le journaliste est stimulé par l'échéance. Il écrit plus mal quand il a le temps.

Un orateur écrivit : « Fasse que la voix de l'ami ne se perde pas sans être entendue ! » — La voix se perd, parce qu'elle est entendue. Le mot, même s'il n'est pas entendu, ne peut se perdre.

Pour excuser une séance de lecture :
Il y a littérature quand ce qui est pensé est, simultanément, vu et entendu. Elle s'écrit avec l'œil et l'oreille. Mais la littérature doit être lue, pour que ses éléments se lient. Elle reste entre les mains du lecteur seulement (et de celui, seulement, qui est un lecteur). Il pense, voit et entend, et conçoit l'expérience en sa trinité, exactement comme l'artiste qui a donné l'œuvre. On doit lire, non pas entendre, ce qui se trouve écrit. Pour réfléchir à ce qui est pensé, l'auditeur n'a pas le temps, pas non plus pour regarder ce qui est vu. Mais il se pourrait bien qu'il fît l'entendu, en entendant. Assurément, le lecteur entend aussi mieux que l'auditeur. Reste à celui-ci un son. Fasse qu'il soit assez fort pour l'amener à lire et à rattraper, de la sorte, ce qu'il a négligé comme auditeur.

L'auteur, dit-on, a vêtu de mots une idée qui lui est venue. Cela tient à ce que la couture est un don plus rare que l'écriture. On emprunte des mots à toutes les sphères, celle de la littérature exceptée. Que fait le poète avec les mots ? Des images. Ou il leur donne de la plasticité. Mais quand dit-on, une fois, que c'est un poème, et on a fait le compliment suprême ? Si c'est une omelette surprise.

À quel point la littérature se prête mal au théâtre, c'est ce que montre le décalage entre l'appareil scénique et la futilité de ses indications – « À l'arrière-plan, le campanile s'effondre. » C'est l'auteur qui a la moindre part aux exploits les plus forts de la scène : « Un trait de plume de cette main, et le monde sera recréé ! » (S'il s'agissait, dans cette phrase, non d'un fragment de dialogue mais d'une indication scénique de Don Carlos, alors on verrait à quel point s'applique la remarque.) Or pareils faits ne sont pas même consubstantiels au théâtre. L'auteur aurait-il plus de part au succès de l'acteur ? Des centaines de pages de psychologie et d'ingéniosité feront long feu, jusqu'à ce que se produise enfin, sous les applaudissements, ce que celui-là a prescrit par ces mots : « sort sur la droite et s'effondre en sanglots devant la porte ».

Plus d'un a déjà prouvé par ses imitateurs qu'il n'était pas l'original.

L'original dont les imitateurs sont meilleurs n'en est pas un.

Heinrich Heine a tellement relâché le corset de la langue allemande que tous les commis, aujourd'hui, peuvent lui tripoter les seins.

Il vaut mieux reproduire, qu'en imposer.

Avec le voleur se démasque aussi le propriétaire. Lui-même s'était introduit dans la maison avec un rossignol et avait laissé la porte ouverte.

Il y a des journalistes d'humeur, tout comme il y a des journalistes d'opinion. Ceux-là sont les poètes lyriques, qui parlent à l'oreille du public. Ils voudraient échapper à notre mépris en s'abritant derrière la rime. Mais c'est où nous les attrapons. Car ils se défendent contre le soupçon d'être des voleurs par la preuve qu'ils sont des imposteurs.

Les feuilletonistes pillent l'attirail de la nature pour habiller leurs états d'âme. S'ils se mouchent, il faut le tonnerre ; on ne comprendrait pas la portée sinon. « C'est comme si » disent-ils, et ils font beaucoup d'honneur au cosmos. Ce qui advient dans le monde peut accompagner leurs sentiments ; et ils jettent un coup d'œil pour voir si ça joue. C'est ce qu'ils appellent des comparaisons. En effet, ils réussissent parfois à signaler le comparant par le comparé. C'est une affaire de culture toutefois. Ils savent de quoi il en retourne, s'il y a là quelque chose qui est autre chose. Heine devient-il nostalgique, alors c'est comme un sapin. Par bonheur, il y en a un qui s'y prête. Pour le poète, les événements élémentaires s'accomplissent en lui ; et en lui se produit ce qui se produit dehors ; et il n'y a pas à démêler, dans cette unicité, sens et image ; à séparer texte et illustration. Pour Shakespeare, l'épreuve de l'ingratitude des filles naît avec l'image : fauvette qui nourrit le coucou jusqu'à ce qu'il lui arrache la tête. Heine aurait dû commencer par introduire le motif de l'ingratitude dans la nature, pour comparer ensuite ce que ça donne avec la situation donnée. Les feuilletonistes se colportent toujours dehors, pour s'exprimer ; une fois qu'ils ont aplati quelque chose de supérieur, ils trouvent qu'ils ressemblent à cela ; s'ils ont mis une parure étrangère, ils se reconnaissent à nouveau. Les poètes sont déjà contenus dans la nature, dont c'est le bon plaisir de les exprimer. La poésie lyrique se situe au-delà de l'heureuse rencontre qui fait que les sapins rêvent. La poésie lyrique n'est pas la prétention d'un petit moi à être contemplé et servi par la nature, mais repose sur une mutualité où les yeux du poète débordent aussi. La facilité, qui fait qu'il y a toujours quelque chose d'ingénieux qui rime avec quelque chose de fervent, a dévoyé l'oreille allemande et semé dans l'art une désolation sans nom. Honte à une jeunesse qui ne veut pas y renoncer ! L'art comme passe-temps fait passer l'éternité. La nature nous plaît parce que nous trouvons en elle les jolies choses que nos chéris y ont fourrées en disant : c'est comme si. Ils ont découpé la vie en ornements ; ceux-ci décorent désormais notre vacuité. Le sapin ne verdoie plus, mais il rêve, ce qui est beaucoup plus poétique. Et ce qui accrédite la nostalgie du poète, qui, sinon, devrait d'abord être prouvée. Il dit tout simplement : si le sapin avait le cœur comme moi, alors j'aurais le cœur comme le sapin, à savoir rêveur.

Le lecteur croit que je veux me moquer de lui, si je lui recommande le poème sur le tapis du Thibet. Comme si je ne lui eusse pas plutôt recommandé le poème sur le sapin, si déjà j'avais voulu me moquer de lui. Mais pourquoi me moquerais-je donc du lecteur ? Je le prends beaucoup plus au sérieux qu'il ne le fait de moi. Je n'ai jamais osé reprocher à la vie qu'elle veuille se moquer de moi avec la politique libérale allemande ou la double comptabilité. Si le sérieux de la vie savait combien la vie est sérieuse, il n'aurait pas le front de trouver l'art joyeux.

Parfois j'attache de l'importance à ce qu'un mot m'apostrophe telle une bouche ouverte ; et je mets les deux points. Puis je suis saturé de la grimace, et je préférerais la voir se fermer en un point.

Pareils caprices, je les satisfais seulement à la vue du mot imprimé. Ils opèrent souvent la perte de trois mille pages, que, pour tout au monde, et avec un luxe de précautions ridicules, je dérobe aux yeux d'un public qui s'intéresse à ce que j'ai à dire sur la révolution au Portugal. Où il apprend que je n'ai rien à en dire, et il me garde rancune de la déception. Le public dispose toujours des plus grands thèmes. Mais s'il soupçonnait seulement la petitesse des soucis avec lesquels, entre-temps, je me passe le temps et la santé, il ne s'essaierait plus avec moi.

Le mot a un ennemi, et c'est l'imprimé. Qu'une pensée ne soit pas compréhensible au lecteur du présent, est consubstantiel à la pensée. Mais n'est-elle pas non plus compréhensible au lecteur plus éloigné, alors la faute en est à une fausse leçon. Je crois seulement que les difficultés des grands écrivains sont des fautes d'impression que nous ne parvenons plus à déceler. Parce que, jusqu'à maintenant, sous l'emprise de la conception journalistique de l'art, on a estimé que la langue servait à « exprimer » quelque chose, on devait croire aussi que les fautes d'impression étaient des troubles accessoires qui ne pouvaient empêcher l'information du lecteur. La matière, elles ne sauraient la trouer ; la tendance, elles ne sauraient la renverser ; le lecteur apprend ce que l'auteur a voulu dire ; et celui-ci est un pédant ou un esthète soucieux de la forme extérieure, s'il exige davantage. Ils ne savent rien de ce par quoi un auteur passe, avant qu'il en vienne à écrire : comment soupçonneraient-ils quelque chose de ce qui survient entre l'écrit et le lu ? Ce domaine plein de dangers romantiques, où tout butin de la pensée redevient la proie du hasard ou de l'intellect alerté de la personne intermédiaire, est inexploré. Le journalisme, à qui une drôlerie involontaire peut, du moins, naître là d'une platitude délibérée, plaisante avec reproche sur le démon des coquilles. Mais il n'attrape pas de telles âmes. Elles lui paient leur tribut, elles n'en sont pas à ça près, car leur richesse ne peut se perdre. Pauvre est la pensée. Elle n'a souvent qu'un mot, qu'une lettre, qu'un point. Une tendance vit, même si le diable emportait tout son habitacle. Mais qu'il frôle seulement une perspective, et il l'emporte.

S'il est resté une coquille dans une phrase; et s'il en résulte un sens pourtant, alors la phrase n'était pas une pensée.

Je mets en garde devant toute réimpression. Mes phrases vivent seulement dans l'air de mes phrases : elles n'ont pas de souffle autrement. Car c'est l'air où respire un mot, qui compte; et dans un air vicié il crève, serait-il de Shakespeare.

Ô cette main gauche de Midas du journalisme, qui transforme toute pensée étrangère qu'elle touche, en opinion ! Comment réclamer de l'or volé, si le voleur n'a que du cuivre en poche ?

L'opinion, pour l'art, ne compte pas; il la laisse au journalisme en libre exploitation; et il est en danger précisément quand celui-ci lui donne raison.

Mes mots entre les mains d'un journaliste sont pires que ce qu'il peut écrire lui-même. Pourquoi donc se fatiguer à citer ? Ils croient pouvoir livrer des échantillons d'un organisme. Pour montrer qu'une femme est belle, ils lui découpent les yeux. Pour montrer que ma maison est confortable, ils posent mon balcon sur leur trottoir.

Une œuvre de la langue traduite dans une autre langue : quelqu'un passe la frontière en y laissant sa peau, pour revêtir le costume local.

On peut traduire un éditorial, mais non pas un poème. Car si on peut passer nu la frontière, on ne peut pas le faire sans peau, parce que celle-ci, contrairement aux habits, ne repousse pas.

Si on dit d'un auteur allemand qu'il est allé à l'école des Français, ce n'est le compliment suprême que si ce n'est pas vrai.

Les points de suspension, la plupart du temps, suspendent net la pensée.

Il y a une originalité par défaut, qui n'est pas en état de s'élever jusqu'à la banalité.

Qui n'a pas de tempérament doit avoir des ornements. Je connais un écrivain qui se défie d'écrire le mot « scandale », et qui, pour cette raison, doit dire « scandalum ». Car il faut plus de force qu'il n'en a, pour dire, le moment venu, le mot « scandale ».

Qui s'applique à tuer des préfixes, n'a cure de la racine. Qui veut en remontrer, ne démontre pas ; qui fait savoir, n'a rien à dire.

À Berlin, il y en a un dont le cou est enflé. Cela vient de toutes les syllabes qu'il avale. Mais il a beau faire, la tête reste vide.

Style. On ne saurait nier que la culture profite à l'écrivain. Combien d'images se refusent, sitôt qu'on a en main les termes techniques des différentes branches du savoir ! Il s'agit donc de se procurer ce matériel. À vrai dire, on en a presque autant besoin que d'encre et de papier. Mais l'encre et le papier participent-ils créativement à l'œuvre ? Ne suis-je en état d'éclairer la pensée par référence à un processus chimique, parce que je soupçonne simplement cette référence, et qu'il me manque le terme spécialisé ? Je consulte un érudit ou je consulte un livre. Mais en pareil cas, le lexique aussi rend tous les services. La connaissance que j'irais puiser dans un ouvrage spécialisé ferait éclater l'agencement artistique pour mettre en avant une apparence d'érudition. Ce serait la captation d'un défaut par imposture. L'aliment du trait d'esprit est une ration usuelle de connaissances. Il ne faut pas lui en servir plus qu'il peut en digérer ; et un savoir immodéré prive l'art de ses forces. Il prend de la graisse. Or il y a des littérateurs pour qui c'est cela qui compte. La culture ne leur est pas un matériel, elle leur est un but. Ils veulent prouver qu'ils sont chimistes aussi, quoiqu'ils ne le soient pas, car ils ne sont assurément pas écrivains. Le matériel, on peut se le procurer comme on veut, sans compromettre la rigueur intellectuelle ; le travail créateur consiste en son utilisation, en la combinaison des sphères, en le pressentiment de la cohésion. Qui écrit pour montrer de la culture doit avoir de la mémoire ; c'est alors un âne simplement. A-t-il recours à la science spécialisée ou au fichier, c'est un filou aussi. Je connais un publiciste qui donnerait sa plume à couper, plutôt que d'utiliser dans un éditorial politique consacré à cette actualité la plus aride du monde, dont le monde ne peut malheureusement se passer, le terme « guêpier des Balkans ». Il doit dire « comédie d'Hémus ». Et pareille cochonnerie de l'esprit trouve écho dans l'Allemagne d'aujourd'hui ! C'est un personnage typique de la chronique locale, ce « triste sire » qui, à la sortie des écoles, montre aux filles des choses qu'elles ne devraient pas encore voir à leur âge. Sa nocivité n'est rien toutefois, comparée aux agissements de cette sagesse scolaire qui s'exhibe devant la vie. L'audace inouïe qui, dans la discussion des questions balkaniques les plus embrouillées, prétend encore nous empêtrer dans la géographie classique, une minorité seulement l'éprouve aujourd'hui comme un fléau. Même si ce n'était pas un défaut dont il est fait ici étalage ; le spectacle de l'éléphantiasis d'une mémoire ne fût-il pas répugnant, cet état de choses n'en serait pas moins à déplorer comme la manie esthétisante qui est la malédiction de notre temps. Car la discussion du guêpier des Balkans est une question de ménage quotidien, et n'a rien à voir avec l'art, la littérature en l'occurrence, art du mot. Celui-là toutefois est un poète. Il n'est pas né en mai, il est né « sous la lune des délices ». Son combat n'est pas pour l'empereur, il est pour un rejeton des Zollern. À qui il arrive de séjourner parfois non à Corfou mais à Korypho. En tant que politicien, notre homme n'est pas un caméléon, mais il ressemble à « l'animal aux deux couches de pigments sous la peau de chagrin ». Il n'expose pas les antécédents homosexuels de ses adversaires, mais il « étale la honte du coin des tantes » ; et ses adversaires n'ont qu'à s'en prendre à eux-mêmes, car, même s'ils n'ont pas

éveillé le soupçon de commerce pédérastique, la
« rumeur des amours masculines s'attache à eux ».
Il veut balayer la façade de l'empire. Mais son
tablier est une tunique à bouillons dessinée par Van
de Welde ; son balai est d'Olbrich ; et ses mains portent des bijoux de Lalique. Ce qui complique évidemment la tâche, qui évoque, en fait, plutôt la
description de l'assommant festin de Trimalcion :
« Puis fut apportée une entrée qui ne correspondait
pas à notre attente : elle attira pourtant, par sa
nouveauté, tous les regards. » « Sur un plat rond
étaient disposés en cercle, dans l'ordre, les douze
signes du zodiaque ; et sur chacun l'artiste avait
placé un mets qui lui correspondait. » Il y avait là
« un salmigondis de cochon de lait et d'autres
viandes ; et un lièvre ailé, pour qu'il ressemble à
Pégase ». Et « dans les coins du plat, il y avait
quatre faunes, avec un tuyau déversant sur des
poissons qui nageaient dans un tourbillon marin,
une sauce apprêtée avec leurs abats ». Une symphonie se faisait entendre en guise d'accompagnement ; et, au milieu de la table, se dressait un
Priape rôti qui était décoré de toutes sortes de fruits
et de pampres. Les gâteaux répandaient un parfum
balsamique, et les hôtes « crurent qu'ils cachaient
quelque chose de sacré ; ils se levèrent et souhaitèrent prospérité au père auguste de la patrie ». C'est

tout à fait ça. Quant au cuisinier, c'était l'homme le plus précieux du monde, « si vous l'exigez, il confectionnera, avec l'estomac d'une truie, un poisson ; avec du lard, un arbre ; avec un jambon, une tourterelle ; avec des tripes, une poule. » Saint Pétrone, voilà comment travaillent les ornemanistes de tous les temps et dans tous les domaines ! Et nous avons, aujourd'hui, en Allemagne, une de ces cuisines de l'esprit dont, à voir les produits, l'œil est saturé. Un artiste de la culture presse dans une saucisse les délicatesses de dix mondes... Hélas, il est reproché à mon style que les pensées s'y entrechoquent rudement, alors que les choses cohabitent pourtant si facilement. Et celui qui attend de moi des éclaircissements sur les choses a sûrement raison de s'enfuir du parc à pensées. S'y attarde-t-il toutefois, pour le visiter, il apercevra une architecture où il n'y a pas une ligne de trop, où pas une pierre ne manque. On doit réfléchir : c'est une rude exigence ; la plupart du temps, impossible à satisfaire. Mais l'exigence que pose l'ornemaniste berlinois de la culture est simplement ridicule : on doit être un spécialiste dans tous les domaines, ou trimbaler, pour comprendre une phrase, dix volumes d'encyclopédie. L'un frappe le rocher de la sobre prose, et des pensées jaillissent. L'autre batifole dans le jardin d'agrément de ses fruits de lecture et la végétation luxuriante de ses tropes. Eussé-je passé ma vie à m'approprier la culture qu'il prétend avoir, à force de ressources, je ne saurais à laquelle me vouer, pour m'en tirer. Une tête, un écritoire et un lexique – celui qui a besoin de plus n'a pas besoin de tête !

La science pourrait se rendre utile. L'écrivain a besoin de chacune de ses branches, pour en extraire la matière première de ses images ; et souvent il lui manque un terme, qu'il soupçonne mais ne sait pas. Compulser est incommode, ennuyeux, et fait apprendre trop de choses. Il faudrait donc, si on est en train d'écrire, que soient assis dans les autres pièces de l'appartement des individus qui accourraient à un signal, quand on voudrait leur demander quelque chose. On sonnerait un coup pour l'historien ; deux coups pour l'économiste ; trois coups pour le valet, qui a étudié la médecine ; on pourrait encore sonner pour le talmudiste, qui maîtrise aussi le jargon philosophique. Ils n'auraient toutefois pas le droit d'en dire plus qu'on ne leur en demande ; et ils auraient à s'éloigner immédiatement après la réponse, parce que leur présence, au-delà de la tâche accomplie, n'inspire pas. Naturellement, on pourrait se passer entièrement de ces auxiliaires ; et une comparaison artistique conserverait sa valeur même si, dans sa formation, la lacune de sa formation restait béante, fournissant à un spécialiste matière à une récrimination après coup. Mais ce serait une possibilité de dispenser les spécialistes de leur contrariété et de les amener, auparavant déjà, à une occupation aussi utile que valeureuse.

Si la langue, pour une comparaison, a besoin de l'économie ; et si quelque chose, là-dedans, n'est pas exact, alors la langue n'y peut rien. C'est à l'économiste de céder.

Un nom sert-il à une fin satirique, il est volontiers objecté que l'homme n'y peut rien, pour son nom. L'homme n'y peut toutefois rien non plus, par son manque de talent. Et pourtant, je crois qu'il doit en être châtié. Or on objecterait encore qu'un génie aussi pourrait s'appeler comme ça. Ce ne serait toutefois pas vrai. Ou bien plutôt, le nom ne serait alors pas ridicule. En revanche, une humeur satirique pourrait trouver à redire jusqu'au nom de Goethe, si un balourd l'avait illustré. De même que tout est grand chez qui est grand, de même tout est ridicule chez qui est ridicule ; et si un nom est une source d'humour, c'est le porteur qui en porte la faute. Il s'appelle comme ça à juste titre ; et si, par désespoir, il se réfugiait sous un pseudonyme, la moquerie saurait aussi l'atteindre là.

On me demande parfois si les noms que j'introduis dans mes satires sont authentiques. Je voudrais dire que j'invente les noms trouvés. Je mets en forme ceux que j'invente par dégoût des noms trouvés. Je coule des caractères en plomb, pour y découper des caractères.

Si la polémique n'est qu'une querelle d'opinion, les deux parties ont tort. Autre chose, si l'une a le pouvoir d'être dans son droit. Alors l'autre n'a pas le droit d'être dans son droit. Aucun art n'a autant besoin que la polémique de la nature qui lui confère plein pouvoir. Elle est une dispute sinon, qui, portée sur la voie publique, contrevient aux bonnes mœurs. Elle est à vrai dire un excès que l'ivresse n'excuse pas mais justifie.

Ce n'est pas moi qu'il vise. Mais son incapacité à s'exprimer de telle sorte qu'il ne me vise pas est, malgré tout, une attaque contre moi.

Comment est-ce que j'en arrive à être le collègue de gens qui écrivent sans vocation intérieure sur des problèmes de la vie sexuelle ? Je préférerais bien plutôt appeler collègue celui qui vit le mystère créateur de la fabrication du cacao !

Qui, par profession, réfléchit sur les fondements de l'être, n'est même pas tenu d'en accomplir assez pour s'y réchauffer les pieds. En raccommodant des chaussures toutefois, plus d'un s'est approché déjà des fondements de l'être.

Quand j'écris, je dois toujours me représenter une voix effroyable qui cherche à m'interrompre. Ce partenaire parle comme quelqu'un que je voyais faire l'important une fois, à une première au théâtre ; il se penche sur mon épaule et m'exhorte à ne pas me créer d'ennemis ; il me salue par peur que je puisse, une fois, le nommer, je ne le remercie pas ; ou c'est un socialiste qui sent mauvais, ou un historien qui dit « tiens voir », ou tout autre homme de confiance que j'admets à mes tractations secrètes comme représentant du monde extérieur. Il s'instaure aussitôt cette relation caractéristique des Muses, telle qu'elle est indispensable à toute poésie lyrique authentique. On ne croirait pas dans quels ravissements je suis ainsi jeté. J'ai besoin, pour l'extase, non de pommes pourries, mais de têtes pourries. Certains de ces types me sont devenus indispensables ; et quand, la nuit, je me mets au travail, je prête l'oreille, s'il n'y aurait pas déjà quelque youtre qui se froisse dans la corbeille à papier. Quand j'écrivais mes considérations « Rythme d'un été autrichien », j'entendais très distinctement derrière moi une voix de femme qui répétait sans arrêt : « Roserl n'est pas officiellement mais officiaisement fiancée ». C'est curieux, mais c'est précisément cela qui me rivait à ma table. Je pourrais, pour chacun des morceaux que j'ai écrits, restituer très exactement la voix qui me l'a susurré. « La tournée américaine de la chorale masculine », quelqu'un semblait l'accompagner, qui n'arrêtait pas de me décocher des coups dans les côtes en constatant : « Moi, j'préfère être bien peinard. » (S'il m'est permis de trahir que tout ce que j'ai pu écrire avec cœur sur la contrariété de l'existence, a sa racine dans le mot « peinard ».) Je me souviens très exactement du cirque qu'il y avait dans ma chambre, quand je composais la satire sur la découverte du pôle Nord. Juste alors que je voulais me mettre du côté des sceptiques, au sujet de monsieur Cook, et que je tirais déjà les plaisanteries que, quelques mois plus tard, les idéalistes devaient tirer aussi, un représentant de la classe moyenne éclairée me mit le doigt dans le nez et dit : « Mais n'insistez pas, c'est quand même *enne* belle chose ! » « Que le pôle Nord ait été découvert, voilà qui est triste », répliquai-je, « mais ce qui est drôle en l'occurrence, c'est qu'il n'a pas été découvert. » « Mais n'insistez pas », disait-on derrière moi, « il l'a découvert ! » « L'a-t-il réellement découvert ? » demandai-je, pour m'avancer à coup sûr et ne rien précipiter. « Il l'a effectivement découvert ! » sursauta-t-on derrière moi, comme piqué par une tarentule. Un voisin serein s'en mêla et dit : « Ce Cook est naturellement le dernier des escrocs. Mais Peary, lui, je l'ai très bien connu. Dans les années quarante, nous mangions ensemble à midi tous les jours chez Leidinger ; et avant déjà, nous avions participé à la découverte de l'Amérique… » Voilà comment m'est venu ce travail.

Le poète lyrique s'étonne à chaque fois d'un pétale de rose, bien qu'il ressemble à l'autre, comme deux pétales de rose. C'est ainsi que le satirique doit à chaque fois s'étonner d'une inégalité, ressemblât-elle aux autres, comme deux laideurs. Et il peut même, partant d'une seule, composer cent poèmes.

Miracle de la nature ! Les fleurs artificielles de monsieur von Hofmannsthal, qui, vers 1895, avaient de la rosée, sont maintenant fanées.

Dans l'épique, il y a quelque chose d'une superfluidité gelée.

Je n'ai pas d'objection contre la littérature romanesque, pour la simple raison qu'il m'apparaît opportun que ce qui ne m'intéresse pas soit dit prolixement.

Le lecteur qui a de l'esprit éprouve la plus forte défiance à l'égard de ces narrateurs qui courent les milieux exotiques. Dans le meilleur des cas, ils n'y ont pas été. Mais la plupart sont faits de telle sorte qu'ils doivent faire un voyage, pour avoir quelque chose à raconter.

Il y a aussi un exotisme dans le temps, qui vient à l'aide du manque de don, exactement comme le recours à des milieux étrangers. La distance, dans les deux cas, n'est pas un obstacle, c'est le mimétisme d'une personnalité déficiente.

L'architecture moderne est le superflu créé à partir de la juste reconnaissance d'un manque de nécessité.

Les autres sont artistes des planches à dessin. Loos est l'architecte de la table rase.

Ils lui mettent en travers du chemin les obstacles dont il voulait les délivrer.

La médiocrité se révolte contre l'adéquation.

Pour la première fois, les maçons de l'art sentent la vie qui les fixe comme une table rase. Nous aurions pu en faire autant ! s'exclament-ils, après qu'ils se sont remis ; tandis que lui, devant leurs fioritures, doit reconnaître qu'il n'aurait jamais pu en faire autant.

La meilleure méthode, pour l'artiste, s'il veut garder raison contre le public : être là.

Kokoschka a fait un portrait de moi. Bien possible, que ne me reconnaîtront pas ceux qui me connaissent. Mais sûrement me reconnaîtront ceux qui ne me connaissent pas.

Le vrai portraitiste se sert de son modèle, un peu comme le mauvais portraitiste, de la photographie de son modèle. On a besoin d'un petit coup de pouce.

Il peint non ressemblant. On n'a reconnu aucun de ses portraits, mais on a reconnu tous les originaux.

Dans un vrai portrait, on doit reconnaître quel peintre il représente.

Il peignait les vivants comme s'ils étaient morts depuis deux jours. Lorsqu'il voulut, une fois, peindre un mort, le cercueil était déjà refermé.

Variétés. L'humour des Knockabouts est aujourd'hui le seul humour qui témoigne d'une vision du monde. Parce qu'il est plus profond, il semble être infondé, comme l'action qu'il montre. Infondé est le rire qu'il suscite dans nos régions. Si quelqu'un se retrouve soudain les quatre fers en l'air, c'est un effet de contraste primitif, auquel des tempéraments frustes ne peuvent se soustraire. Le tableau d'un maître de cérémonie qui s'étale sur le parquet suppose déjà plus de subtilité. Ce serait pousser à l'absurde la dignité, les façons que fait le décorum. Pour comprendre cet humour, la culture d'Europe centrale fournit toutes les conditions. L'humour du clown n'a pas de racine ici. S'ils se piétinent le ventre, seul le comique de la situation modifiée, du malheur imprévu, peut captiver. Mais l'humour américain pousse à l'absurde une vie où l'être humain est devenu machine. La circulation se déroule sans obstacle ; c'est pourquoi il est plausible que quelqu'un arrive par la fenêtre et soit jeté à la porte, qu'il emporte aussitôt. C'est que la vie est extraordinairement simplifiée. Étant donné que le confort est le principe suprême, il va de soi qu'on peut avoir une bière pression si on débonde quelqu'un comme un fût. Les gens se tapent sur le crâne à coups de hache et demandent délicatement : vous l'avez remarqué ? C'est un carnage incessant de machines, sans effusion de sang. La vie a un humour qui passe sur les corps, sans faire de mal. Pourquoi cette brutalité ? C'est simplement la mise à l'épreuve de la commodité. On appuie sur un bouton, et un valet meurt. Ce qui est gênant est écarté. Les poutres se plient au doigt et à l'œil ; tout va grand train ; personne ne reste oisif. Seul un bout de papier, soudain, se cabre. Il ne reste pas à terre, où on l'a jeté par commodité ; sans cesse il remonte en l'air. C'est irritant ; et on se voit contraint de le travailler au marteau. Il tressaille encore. On veut le fusiller. On emploie de la dynamite. Un appareil inouï est mis en œuvre, pour le calmer. La vie est devenue terriblement compliquée. Finalement, tout est sens dessus dessous, parce qu'une chose quelconque, dans la nature, ne voulait pas entrer dans le système… Un lambeau de sentimentalité peut-être, qu'un resquilleur avait introduit en douce d'Europe.

Le bourgeois ne tolère rien d'incompréhensible dans la maison.

Il s'agit de donner le coup de grâce à la bête de l'Intelligence, dont la haine fait mourir l'artiste, mais dont la haine fait vivre l'art.

Elle qui ricane devant les tableaux et traite les livres par-dessus la jambe; qui affirme par incrédulité sa supériorité devant Dieu, et par insolence, son assurance devant l'artiste.

Le narrateur est là pour les gens ? Quand les soirées deviennent longues ? Qu'on les leur abrège autrement ! Leur raconter encore quelque chose ? Avant que vienne la nuit, quelque chose de passionnant ? Quelque chose par livraisons ? Strychnine et torture ! La soirée dure trop longtemps.

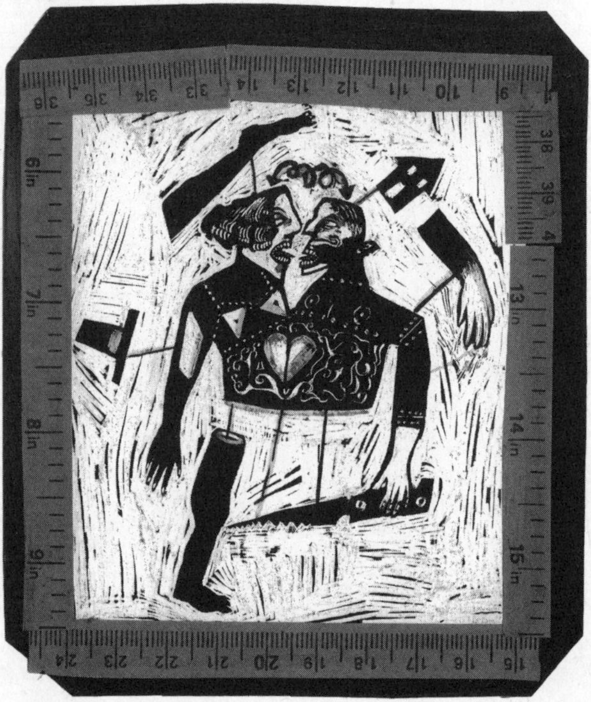

Crise et langage

> « *L'art de la parole converge aussi avec celui de se faire des ennemis fidèles, lesquels nous sont, en un certain sens, bien plus utiles que maints flatteurs.* »
>
> Von Igar

Dans notre vie intérieure, pour paraphraser Elias Canetti, nous ne faisons qu'élever des idoles et les renverser. L'homme est un temple en ruine et l'art est souvent l'instrument par lequel on remue ces gravats et approprie ces étranges poussières. La valeur de l'art est liée à celle des ruines qui nous composent.

L'art de la Belle Époque traversait une sorte de crise de valeurs – mal qu'Hermann Broch avait déjà identifié – qui se manifesta sous la forme de névroses, par les excès de la sensibilité et de la passion, par une certaine tendance au nihilisme. Les thèmes privilégiés de cette crise furent, en vrac, la neurasthénie, l'érotisme, les paradis artificiels, la misogynie, le spiritualisme, l'occultisme, l'art pour l'art. En Autriche, cette crise des valeurs se caractérisa, entre autres, par la floraison du style « néo » (néogothique, néobaroque, néoclassique), dont le *Ring* viennois offre une illustration, et par la tentative d'escamoter cette crise sous les apparences de l'*esthétisme*. Le maniérisme, la recherche gratuite de l'ornement, la réduction des valeurs morales à celles de l'art, l'expression concrète de ces valeurs esthétiques dans la vie – comme chez D'Annunzio, Wilde ou les préraphaélites – caractérisaient cet esthétisme, dont la voix autrichienne trouva dans l'*expressionnisme* une tournure propre et originale. Le devoir de l'artiste n'était plus de rendre compte de la réalité telle qu'elle se présentait, mais plutôt d'interpréter nouvellement la nature et de reconstruire la réalité sur des bases nouvelles[1]. Ce caractère prométhéen avait bien des ressemblances avec le romantisme, hormis qu'au lieu de s'établir sur la conception fichtéenne du « moi », infini et absolu, elle faisait fond sur cette conception de l'homme, tendu vers la volonté de puissance, qui se profilait dans les œuvres de Nietzsche.

Il va de soi que l'affirmation des droits de l'âme face au monde, ou que la promotion d'un style proche de la psychologie et du décadentisme devaient produire des excès identifiables dans les œuvres, mais surtout dans leur utilisation du langage.

L'œuvre de Karl Kraus (1874-1936) témoigne de cette situation de crise des valeurs et dénonce, avec ironie et violence, l'écart qui, dans les arts mais aussi dans l'observation de la vie quotidienne, existe entre la vérité des choses et la vérité du langage. La manière de Karl Kraus, on le voit dans ses aphorismes, est de « prendre le langage au mot », et si le pire péché est celui contre l'esprit, cet esprit s'identifie au langage[2].

Né en 1874, en Bohême, Karl Kraus n'a que trois ans lorsque sa famille s'établit à Vienne, ville à laquelle son nom et son activité sont étroitement associés. Il résume les qualités et les travers principaux de la capitale impériale : intelligence fine, ironie qui ne dédaigne pas de se faire satire, mais aussi narcissisme et goût de la pose. Durant ses études, Kraus fréquenta le café *Griensteidl*, alors point de rencontre du monde littéraire viennois connu sous le nom de *Jung-Wien*. On y retrouvait, en plus du jeune Hofmannsthal, Schnitzler, Beer-Hofmann, Salten. Hermann Bahr y prônait la nécessité d'un dépassement du naturalisme qui devait plus tard conduire au *Nerven-*

kunst (l'art des nerfs) et, plus tard, à l'expressionnisme. On y retrouvait, en outre, la plupart des jeunes écrivains et artistes à la mode qui représentaient, pour Kraus, une source intarissable de moquerie et de dérision. De cette jeune Autriche « cafetière », il écrivit qu'il ne fallait pas s'étonner de la stérilité de leurs talents, car ils étaient assis « si serrés autour d'une table de café, qu'ils s'empêchent mutuellement d'éclore[3] ». On le voit, la verve caustique de Kraus n'était pas simplement la manifestation du talent à se faire des ennemis, mais, à la fois, l'expression de son génie à les conserver. On peut d'ailleurs se demander s'il y eut un homme plus exécré que Karl Kraus dans toute la Vienne du début du siècle. En rapport à la culture littéraire de son époque, il n'y a guère qu'Altenberg et Trakl qui échappèrent à ses traits. Lorsqu'il lança sa revue, *Die Fackel (Le Flambeau)*, en 1899, revue qu'il rédigea d'abord avec des collaborateurs puis tout seul à partir de 1911, la culture viennoise comprit qu'elle ne pourrait longtemps persister dans sa tendance bourgeoise à commercialiser toute chose (l'art, les œuvres de l'esprit, l'âme humaine) et que le voile de moralisme dont elle se vêtait hypocritement allait être déchiré. Les tempêtes que déclenchait chaque parution de *Die*

Fackel – dont les numéros furent souvent saisis par la censure – avaient la force du programme que la première livraison annonçait : « *Ce qui importe n'est pas ce que nous apportons, mais ce que nous mettons à mort*[4]. »

Le rôle de Karl Kraus reposait sur l'emploi exclusif de cette négation qui détruit les expressions approximatives des choses pour conduire l'esprit, par l'ironie, l'humour et la satire, à la gravité du monde et au sérieux des concepts. En ce sens, son utilisation du langage et de la forme aphoristique est significative. Les auditeurs de ses conférences, où il faisait et défaisait les réputations littéraires, rapportent son emploi personnel de la citation, tirée sans complaisance de son contexte, dans l'intention de lui faire dire à voix haute ce qu'elle disait à voix basse. Le travail de Kraus, nouveau Socrate dans une Cité nouvelle, et qui prend au mot les paroles d'autrui, illustre heureusement que l'imprécision du langage sert au mensonge, s'il n'est d'ailleurs le mensonge lui-même. On comprend donc que l'on ait pu associer l'intérêt de Kraus pour le langage avec celui de Wittgenstein[5].

Dans sa campagne de réhabilitation du sens de la parole, Karl Kraus attaqua la presse dont l'absolue bêtise était, selon lui, la cause de la corruption du monde. L'utilisation des lieux communs ne pouvait entraîner, pensait-il, qu'une mécanisation des concepts et, de là, conduire à une mécanisation de la vie intérieure.

La presse apparaissait comme une sorte de magie noire – obtenue avec de l'encre de Chine – qui, subrepticement, imposait ses opinions aux différents lecteurs au point de substituer la réalité du monde au monde décrit par les journaux. Responsable de la création d'un monde en noir et blanc, c'est par la presse que devait aussi passer la destruction du monde[6]. C'était la presse qui, pour Karl Kraus, se révélait responsable de la guerre, soigneusement préparée à la rédaction, et dont il retraça les fautes dans un drame gigantesque, *Les Derniers Jours de l'humanité*[7].

Le thème central du langage apparaît encore à travers la critique que Kraus adresse à Freud. Avec la psychanalyse, l'homme n'est plus qu'un symptôme qui se soigne à travers le langage et la communication privilégiée établie avec le thérapeute. En ce sens, le débat autour de la question du Ça (*Es*)[8], et ses différentes implications grammaticales, est fondamental. Mais si Kraus eût pu être d'accord avec l'affirmation d'Adolf Loos selon laquelle « tout art est érotique[9] », il s'en faut de beaucoup qu'il ait conclu le premier à partir du second. On peut résumer l'essence du désaccord de Karl Kraus avec la psychanalyse freudienne en disant qu'il s'opposait violemment – et avec ironie – à ce que l'on réduise les activités spirituelles de l'homme à une question de pulsions instinctives. Ramener Goethe à une question d'opilation de l'intestin est une analyse aussi folle que la folie que la psychanalyse prétend expliquer. Les saillies venimeuses que Kraus sert à Freud sont, la plupart du temps, des variations autour de ce thème.

D'un strict point de vue littéraire, Karl Kraus fit preuve d'un goût du dépouillement et manifesta, envers le style, un refus des enjolivures. Il demandait à l'art la même concision qu'il exigeait de la parole. Son influence dans le développement d'Elias Canetti, par exemple, est marquée, au point que celui-ci parle d'une véritable « dictature » de Kraus sur sa propre pensée[10]. « Grâce à lui, confie Canetti, je commençai à concevoir que chaque homme a un profil linguistique qui le distingue de tous les autres [11] », et l'on peut se demander quelle est la part de Kraus dans la généalogie des réflexions de Canetti sur le pouvoir de la masse et les difficultés de la communication. Sur le terrain – miné et périlleux – des influences, on retrouverait sans doute Walter

Benjamin qui, dans plusieurs essais, s'est penché brillamment sur le cas de l'écrivain viennois et a pratiqué, comme lui, l'aphorisme[12]. Il est certain que la clairvoyance critique de Karl Kraus a contribué, en plus de développer des talents, à en contraster d'autres – pensons à Schnitzler ou Hofmannsthal – et à mettre en lumière des esprits éclipsés, comme dans le cas de Nestroy, dont Kraus se considérait l'héritier. Ce n'est cependant pas uniquement en littérature que les artistes lui furent débiteurs ; Kraus avait aussi un sens pour la musique, une passion pour Offenbach et un goût pour la modernité. Schoenberg n'a pas hésité à avouer qu'il avait plus appris de Kraus qu'il n'en faut pour demeurer un esprit autonome[13], et la conception du langage de l'auteur de *Die Fackel* a eu quelque « résonance » auprès des compositeurs de l'École de Vienne.

Kraus apparaît au fil des pages comme le type – paradoxal – du révolutionnaire/conservateur : il dénonça, et combattit, les inégalités sociales, l'hypocrisie et la corruption de la classe politique, la fausse pudeur, mais il conserva toujours en lui un respect du passé et la nostalgie d'une perspective absolue d'où juger et disposer du monde. Sur ce point, il se rapproche de Lichtenberg, l'un de ses maîtres.

Karl Kraus est l'homme aux mille contradictions, la lecture des *Aphorismes* nous en assure, parce qu'il résume les contrastes du monde viennois et fait corps avec lui, sans doute. Le style aphoristique de Kraus coïncide avec la véritable liberté de penser : Kraus laisse le soin au lecteur de trancher les demi-vérités qu'apportent ses aphorismes car « il ne s'agit pas de prouver une pensée au lecteur, attendu qu'une preuve n'est pas une pensée [14] ». Son esprit sait toutefois chercher et remettre en question les valeurs acceptées ainsi que les conventions établies. Si sa pensée apparaît fuyante et sa prose difficile, c'est justement parce qu'elles évitent les compromissions des systèmes, des idéologies faciles ou des convictions approximatives : c'est parce qu'elles savent s'éloigner des prescriptions des chefs et des philosophes de régime.

« *Mir fällt zu Hitler nichts ein* » (« Sur Hitler... il ne me vient rien à l'esprit ») ; c'est ainsi que Kraus ouvrait, en 1933, *La Troisième Nuit de Walpurgis*, soulignant magnifiquement le vide et l'ennui qui allaient éclairer, pour plus d'une décennie, la terrible nuit qui venait de tomber sur l'Europe.

Charles Le Blanc

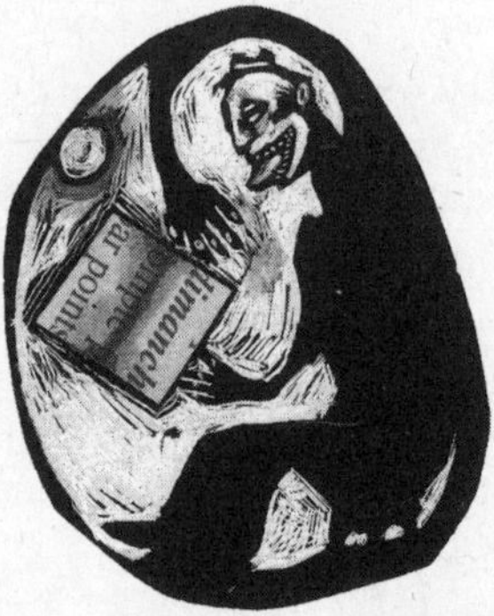

NOTES

1. On pensera ici à l'essai de 1912 de Wassily Kandinsky, *Du spirituel dans l'art* (*Über das Geistige in der Kunst, insbesondere in der Malerei*).
2. Son intérêt pour le langage est identifiable, entre autres, dans le recueil d'essais consacré aux difficultés de la langue allemande (*Die Sprache*, posthume 1937).
3. *La Littérature démolie*, traduction par Yves Korby, Rivages Poche/Petite Bibliothèque, Paris, 1993 (p. 57). Le texte original est de 1896.
4. «... nicht was wir bringen, sondern was wir umbringen».
5. Sur cette association, on verra W. Kraft, *Ludwig Wittgenstein und Karl Kraus*, Die Neue Rundschau, 1962 (pp. 812 et suivantes).
6. Voir, à ce propos, *La Destruction du monde par la magie noire* (*Untergang der Welt durch schwarze Magie*), recueil d'essais, 1922.
7. Ce drame de 800 pages demande bien dix soirées pour être joué ; il anticipe Brecht et le drame de l'absurde.
8. Voir « Es » (1921) in *Die Sprache*, Munich, 1954 (p. 77).
9. A. Loos, « Ornament und Verbrechen » (1908), in *Sämtliche Schriften*, I, Vienne, 1962 (p. 277).
10. Elias Canetti, « Karl Kraus. Ecole de la résistance », in *La Littérature démolie*, op. cit. (p. 30).
11. *Ibid.* (p. 24).
12. Avec le recueil de 1928, *Einbahnstrasse*.
13. *Rundfrage über Karl Kraus*, Innsbruck, 1917 (p. 21).
14. Voir « Meine Wiener Vorlesung », in *Die Fackel*, n° 303-304 (p. 37).

Vie de Karl Kraus

1874. Naissance le 28 avril, de Karl Kraus, à Jicin (Gitschin) en Bohême.
1877. Jakob Kraus et sa famille (neuf enfants) s'établissent à Vienne.
1892. Après des études orageuses, Karl obtient le baccalauréat (*Abitur*). Il s'inscrit à la faculté de droit et fréquente les cafés littéraires (café *Griensteidl*). Début de l'activité journalistique.
1894. Kraus change de faculté (philosophie et germanistique). Début de l'amitié avec Peter Altenberg.
1896. Publication du libelle *La Littérature démolie.*
1899. Après l'abandon de ses études, Kraus, avec quelques collaborateurs, commence la publication de *Die Fackel (Le Flambeau)*. Kraus est agressé par un groupe de journalistes. Il quitte la communauté culturelle israélite.

1903. En octobre, *Die Fackel* publie des textes de Wedekind, de Stoessl et de Strindberg.

1906. Kraus fait paraître ses premiers aphorismes.

1909. En mars, paraît le recueil *Dits et contredits*.

1910. Première d'une série de conférences à Vienne, Berlin, Prague, Munich et Paris.

1911. Kraus devient catholique. Il rédige seul *Die Fackel* qui paraîtra à intervalles irréguliers.

1912. Parution, en mars, de *Pro domo et mundo*.

1914. Début de la Grande Guerre. Kraus se prononce fortement contre les hostilités. La revue *Die Fackel* sera plusieurs fois confisquée. Il attaque les journalistes.

1915. Voyage en Italie. Kraus entreprend la rédaction d'une œuvre dramatique monumentale, *Les Derniers Jours de l'humanité* (publiée en 1919).

1918. Proclamation de la république d'Autriche. Publication du recueil d'aphorismes *La Nuit venue*.

1920. À Innsbruck, la conférence de Kraus est empêchée par une manifestation antisémite.

1923. Kraus quitte l'Église catholique (le 7 mars).

1924-1930. Intense activité d'écrivain et de conférencier qui le mène à la Sorbonne. On le propose à plusieurs reprises, et sans succès, pour le prix Nobel de littérature. Kraus débute à la radio et s'occupe de diverses activités théâtrales.

1933. Hitler devient chancelier. Kraus entame la rédaction de *La Troisième Nuit de Walpurgis* où il dénonce le national-socialisme.

1934. Insurrection révolutionnaire marxiste en Autriche. Kraus se range auprès du parti chrétien social. La même année, un putsch nazi avorte. Kraus désespère de la paix.

1936. Publication du dernier numéro de *Die Fackel* (n°s 917-922). Kraus est renversé par un cycliste. Ses conditions de santé périclite et, peu après sa 700e conférence, il s'éteint, le 12 juin. Il est inhumé au *Zentralfriedhof* de Vienne.

Repères bibliographiques

Œuvres de Karl Kraus
- *Manuel de photogrammétrie*, Hermès, 1997.
- *La Boîte de Pandore*, Ludd, 1995.
- *Dits et contredits*, Ivréa, 1993.
- *La Littérature démolie*, Rivages, 1993.
- *Cette grande époque*, Rivages, 1993.
- *La Nuit venue*, Ivréa, 1986.
- *Pro Domo et mundo*, Ivréa, 1985.

Ouvrages sur Karl Kraus
- SZASZ (Thomas), *Karl Kraus et les docteurs de l'âme*, Hachette, 1985.

Mille et une nuits propose des chefs-d'œuvre pour le temps
d'une attente, d'un voyage, d'une insomnie…

15 mars 98
LES PREMIERS LIVRES EN EURO
Nouveautés
n° 196 Bossuet, *Sermon sur l'ambition* ; 1 euro/6,50 F
n° 197 Maïakovski, *Un nuage en pantalon* ; 1,50 euro/10 F
n° 198 Karl Kraus, *Aphorismes* ; 2 euro/13 F
n° 199 *La Genèse* ; 2,50 euro/16F50
n° 201 Cyrano de Bergerac, *L'autre monde* ; 3 euro/19,50 F
n° 202 Proust, *Les Plaisirs et les jours* ; 3,50 euro/23 F

Réimpression
n° 9 Miguel de Cervantes, *L'Amant généreux* ; 1,5 euro/10 F
n° 18 Sénèque, *Sur la brièveté de la vie* ; 1 euro/6,50 F
n° 31 Prosper Mérimée, *Carmen* ; 2 euro/13 F
n° 53 Pascal, *Discours sur les passions de l'amour* ; 1 euro/6,50 F
n° 59 Sade, *Français, encore un effort
si vous voulez être républicains* ; 1,5 euro/10 F
n° 98 Spinoza, *Traité de la réforme de l'entendement* ; 2 euro/13 F

Déjà parus en 1998

La Petite Collection : 184. Aziz Chouaki, *Les Oranges.* 185. Épicure, *Lettre sur l'univers.* 186. Franz Kafka, *Le Terrier.* 187. Arthur Conan Doyle, *Le Visage jaune.* 188. François Villon, *Ballades en argot homosexuel.* 189. Voltaire, *Candide ou l'optimisme.* 190. Nicolas Gogol, *Le Nez.* 191. Arthur Schopenhauer, *L'Art d'avoir toujours raison.* 192. Casanova, *Le Duel.* 193. Gustave Flaubert, *Mémoires d'un fou.* 194. Jonathan Swift, *Instructions aux domestiques.* 195. Ovide, *L'Art d'aimer.*
Les Petits Libres : 15. Pierre-André Taguieff, *La Couleur et le sang. Doctrines racistes à la française.* 16. Gérard Guicheteau, *Papon Maurice ou la continuité de l'État.* 17. Guy Konopnicki, *Manuel de survie au Front.* 18. Marc Perelman, *Le Stade barbare. La Fureur du spectacle sportif.* 19. Toni Negri. *Exil.*

Pour chaque titre, le texte intégral, une postface,
la vie de l'auteur et une bibliographie.

Achevé d'imprimer en mars 1998,
sur papier recyclé Ricarta-Pigna par G. Canale & C. SpA (Turin, Italie)